択一式トレーニング問題集の使い方

1 本書の位置づけ

　択一式トレーニング問題集は、科目別講義テキスト[※1]に準拠した問題集です。おおむね過去15年間の本試験問題とオリジナル予想問題を、一問一答の形式により、テキスト項目の順に網羅的に出題しております。択一式試験対策の主要教材としてご活用下さい。

2 仕　様

〔1〕出題問題

　科目別講義テキスト[※1]の内容に対応するおおむね過去15年間の本試験問題とオリジナルの予想問題です。

〔2〕出題形式

　問題を左ページ、解答・解説を右ページとする見開きの構成により、一問一答形式で収載しております。

> ※1　科目別講義テキストは、資格の大原社会保険労務士講座受講生専用教材です。科目別講義テキストのみの一般販売はしておりません。

I

〔3〕表示の意味

左📖 問題ページ

❶問題番号

❷出題元：令0501Ｂ…令和５年試験問題の問１Ｂの問題であることを示します。
　　　　　○Ｒ…オリジナル問題であることを示します。

❸ 新 ：直近の本試験問題

❹チェック欄：チェック欄は、問題の習熟度合を図る目安として活用下さい。

❺ ☆ ：科目別講義テキスト※2の「☆」に関連する優先順位の低い問題である
　　　　　ことを示します。

　　改正 ：今次の改正が関連する問題であることを示します。

左ページ

第3節　労働憲章

❶❷❸❹❺
問題 025　令0501Ｂ　新　□□□□□□□ 改正
　労働基準法第１条にいう「労働条件」とは、賃金、労働時間、解雇、災害補償等の基本的な労働条件を指し、安全衛生、寄宿舎に関する条件は含まない。

問題 026　令0301Ａ　□□□□□□□ ☆
　労働基準法第１条第２項にいう「この基準を理由として」とは、労働基準法に規定があることが決定的な理由となって、労働条件を低下させている場合をいうことから、社会経済情勢の変動等他に決定的な理由があれば、同条に抵触するものではない。

問題 027　平2505Ｃ　□□□□□□□
　労働基準法第２条第１項が、「労働条件は、労働者と使用者が、対等の立場において決定すべきである。」との理念を明らかにした理由は、概念的には対等者である労働者と使用者との間にある現実の力関係の不平等を解決することが、労働基準法の重要な視点であることにある。

問題 028　平2101Ａ　□□□□□□□
　使用者は、労働協約、就業規則及び労働契約を遵守し、誠実にその義務を履行しなければならないが、使用者よりも経済的に弱い立場にある労働者についてはこのような義務を定めた規定はない。

11　第1章 総 則

第3節　労働憲章

❻
解答 025　×　Ｓ63.3.14基発150／P 13　社労士24 P 5▼
　労働条件とは、賃金、労働時間のほか、解雇、災害補償、安全衛生、寄宿舎等に関する条件をすべて含む労働者の一切の待遇をいう。

解答 026　○　S22.9.13発基17／P 13　社労士24 P 5▼
　記述の通り正しい。

❼ +α【労働基準法第１条第２項】
　労働基準法で定める労働条件の基準は最低のものであるから、労働関係の当事者はこの基準を理由として労働条件を低下させてはならないことはもとより、その向上を図るように努めなければならない。

解答 027　○　法2条／P 14　社労士24 P 6▼
　記述の通り正しい。

解答 028　×　法2条／P 14　社労士24 P 6▼
　本肢の義務は、労働者にも課せられる。

　+α【労働基準法第２条第２項】
　「労働者及び使用者」は、労働協約、就業規則及び労働契約を遵守し、誠実に各々その義務を履行しなければならない。

総 則　第1章　12

右ページ

右📖 解答・解説ページ

❻科目別講義テキスト※2と社労士24レクチャーテキスト※2の参照ページを示します。

❼ +α ：問題に関する補足説明や周辺知識の内容を記載しています。

※2　科目別講義テキスト・社労士24レクチャーテキストは、資格の大原社会保険労務士講座受講生専用教材です。科目別講義テキスト・社労士24レクチャーテキストのみの一般販売はしておりません。

II

3 > 択一式トレーニング問題集の使い方

〔1〕問題を解く目的

　　問題を解く目的は、正誤を憶えることではなく、正誤判断をするための「キーワード」と「その理由」を憶えることです。したがって、問題を解くに当たっては、「キーワード」と「なぜ正しいのか」「なぜ誤っているのか、どうであれば正しいのか」を見つけ、憶え込むことを強く意識するようにしましょう。

〔2〕回転と目標

　　問題のキーワードを記憶として定着させるためには、繰り返し問題を解く（回転させる）ことが必要です。そのため学習初期から、本試験までに何回転するか（長期目標）、各回転をいつまでにするか（中期目標）を定めておき、これらに基づいて、その週・その日に何問解くか（短期目標）を決めましょう。なお、中期目標の達成の都度、チェック欄をチェックしていくと、回転の進捗状況が一目でわかって便利です。

《例》長期目標を5回転とした場合

長期目標	中期目標	達成したら✓
5回転	1回転目→次回講義までに	✓ ☐ ☐ ☐ ☐
	2回転目→確認テストまでに	✓ ✓ ☐ ☐ ☐
	3回転目→直前期に入るまでに	✓ ✓ ✓ ☐ ☐
	4回転目→統一模試までに	✓ ✓ ✓ ✓ ☐
	5回転目→本試験までに	✓ ✓ ✓ ✓ ✓

〔3〕問題の具体的な取り組み方

問題の取り組み方は様々です。以下ではその一例をご紹介しますので、参考にして下さい。

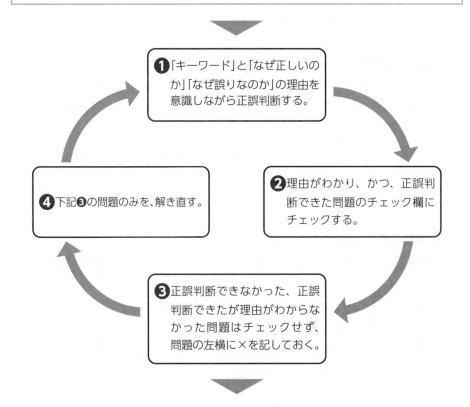

〔4〕問題集巻末の「進捗表」について

　　巻末に「進捗表」がございます。こちらをご利用になり、ご自身の弱点部分を明確にし、早期克服に心掛けましょう。

〔5〕問題集巻末の「青シート」について

　　巻末に「青シート」がございます。解答解説ページを隠すシートとしてご利用下さい。

4 ＞よくある質問

〔1〕解くべき問題の優先順位について

　　問題集には数多くの演習問題が収載されているので、特に初めて学習をされる方は、優先順位を決めたうえで問題を解いていくことをお勧めします。一例として、「☆」の問題は一旦とばしておきましょう。

〔2〕同じ問題を何度も間違えて、次に進めない…

　　問題を間違えるということは、その問題のキーワードを憶える第一歩です。しかし、間違えが続いてしまう問題は、一旦とばして次の問題に取り組みましょう。学習が進み、科目の全体像や他の科目との関係が把握できてから理解できる内容の問題もあるからです。

〔3〕テキストとトレーニング問題集はどっちが大事？

　　テキストのみでは、問題のキーワードを知ることができません。また、トレーニング問題集のみでも、全体像を把握しにくいことがあります。いずれか一方に偏るのは得策とはいえません。最も有効なのは、テキストとトレーニング問題集相互で補い合うという学習方法で、①テキストの概要を把握する→②トレーニング問題集を解き、キーワードを記憶する→③テキスト中のキーワードを部分読みする→④上記②③を繰り返すというものです。また、トレーニング問題集で記憶したキーワードや引っ掛け方をテキストの該当箇所に書き込んでおくという方法もお勧めです。

択一式トレーニング問題集
労働保険徴収法

学習内容と学習範囲

学習内容

第1章　総　則

第2章　保険関係

第3章　労働保険料

第4章　労働保険料の申告・納付

第5章　労働保険事務組合

第6章　不服申立て・時効その他

学習範囲

※資格の大原社会保険労務士講座受講生の学習範囲です。

社労士合格コース/社労士経験者合格コース/社労士速修合格コース

上記コースの各回の講義に対応した、「トレーニング問題集学習範囲」につきましては、別紙にてご案内いたします。

社労士24

章	問題集学習範囲	章	問題集学習範囲
1	問題001～問題009	8	問題148～問題155
2	問題010～問題028	9	問題156～問題169
3	問題029～問題060	10	問題170～問題177
4	問題061～問題094	11	問題178～問題190
5	問題095～問題127	12	問題191～問題213
6	問題128～問題136	13	問題214～問題226
7	問題137～問題147		

VII

第2節 総 則

問題 001 雇令0208D ☐☐☐☐☐☐☐

労働保険徴収法は、労働保険の事業の効率的な運営を図るため、労働保険の保険関係の成立及び消滅、労働保険料の納付の手続、労働保険事務組合等に関し必要な事項を定めている。

問題 002 災平2908E ☐☐☐☐☐☐☐

住居の利益は、住居施設等を無償で供与される場合において、住居施設が供与されない者に対して、住居の利益を受ける者との均衡を失しない定額の均衡手当が一律に支給されない場合は、当該住居の利益は賃金とならない。

問題 003 雇令0110C ☐☐☐☐☐☐☐

労働保険徴収法第2条第2項の賃金に算入すべき通貨以外のもので支払われる賃金の範囲は、労働保険徴収法施行規則第3条により「食事、被服及び住居の利益のほか、所轄労働基準監督署長又は所轄公共職業安定所長の定めるところによる」とされている。

問題 004 雇令0510A 🈟 ☐☐☐☐☐☐☐

労働保険徴収法における「賃金」のうち、食事、被服及び住居の利益の評価に関し必要な事項は、所轄労働基準監督署長又は所轄公共職業安定所長が定めることとされている。

問題 005 O R ☐☐☐☐☐☐☐

労働者が在職中に、退職金相当額の全部又は一部を給与や賞与に上乗せするなど前払いされる場合は、原則として、一般保険料の算定基礎となる賃金総額に算入しない。

第2節　総　則

解答 001　○　法1条／P2　社労士24P2▼

記述の通り正しい。

解答 002　○　則3条／P3　社労士24P－▼

住居の利益は、賃金になり得るが、住居施設等を無償で供与される場合において、住居施設が供与されない者に対して住居の利益を受ける者との均衡を失しない定額の均衡手当が一律に支給されない場合は、当該住居の利益は賃金とならない。

解答 003　○　則3条／P3　社労士24P3▼

記述の通り正しい。

解答 004　×　法2条／P3　社労士24P3▼

賃金のうち通貨以外のもので支払われるものの評価に関し必要な事項は、「厚生労働大臣」が定める。

解答 005　×　H15.10.1基徴発1001001／P4　社労士24P3▼

本肢の場合、労働の対償としての性格が明確であり、労働者の通常の生計にあてられる経常的な収入としての意義を有するので、原則として、一般保険料の算定基礎となる賃金総額に「算入する」。

問題 006 O　　　R　　　□□□□□□□

遡って昇給が決定し、個々人に対する昇給額が未決定のまま離職した場合において、離職後支払われる昇給差額については、賃金として取り扱うことはできない。

問題 007 災平2908C　　□□□□□□□

労働者が賃金締切日前に死亡したため支払われていない賃金に対する保険料は、徴収しない。

問題 008 O　　　R　　　□□□□□□□

労働者の退職後の生活保障や在職中の死亡保障を行うことを目的として事業主が労働者を被保険者として保険会社と生命保険等厚生保険の契約をし、会社が当該保険の保険料を全額負担した場合の当該保険料は、賃金として認められる。

問題 009 O　　　R　　　□□□□□□□

労働保険徴収法における「賃金」とは、賃金、給料、手当、賞与その他名称のいかんを問わず、労働の対償として事業主が労働者に支払うもの（通貨以外のもので支払われるものであって、厚生労働省令で定める範囲外のものを除く。）であり、労働基準法第26条に定める休業手当及び同法第20条に定めるいわゆる解雇予告手当は賃金に含まれる。

3　第1章　総　則

解答 006 × S32.12.27失保収652 ／ P4 社労士24P－▼

　遡って昇給が決定し、個々人に対する昇給額が未決定のまま離職した場合において、離職後支払われる昇給差額については、個々人に対して昇給をするということ及びその計算方法が決定しており、ただその計算の結果が離職時までにまだ算出されていないというものであるならば、事業主としては支払義務が確定したものとなるから、「賃金として取り扱われる」。

解答 007 × S32.12.27失保収652 ／ P4 社労士24P－▼

　労働者の賃金債権は、債務の履行としての労働の提供を行ったときに発生するものであり、被保険者が死亡した場合、死亡前の労働の対償としての賃金の支払義務は死亡時に確立しているから、当該賃金に対する保険料を徴収するものとする。

解答 008 × S30.3.31基災収1239 ／ P5 社労士24P3▼

　本肢の保険料は、「賃金とは認められない」。

解答 009 × 法2条、S25.4.10基収950、S23.8.18基収2520
　　　　　　　　　 ／ P5 社労士24P3▼

　労働基準法第26条に定める「休業手当は賃金に含まれる」が、同法第20条に定めるいわゆる「解雇予告手当は賃金に含まれない」。

総則 第1章 4

第1節　保険関係と事業の種類

問題 010　雇平2608 B　□□□□□□□□

　労働保険徴収法は、労働保険の適用徴収の一元化を目的として制定されたものであるが、都道府県及び市町村の行う事業については、労災保険と雇用保険とで適用労働者の範囲が異なるため、両保険ごとに別個の事業とみなして同法を適用することとしている。

問題 011　災平2408 E　□□□□□□□□

　労働保険徴収法第39条第1項においては、「国、都道府県及び市町村の行う事業その他厚生労働省令で定める事業については、当該事業を労災保険に係る保険関係及び雇用保険に係る保険関係ごとに別個の事業とみなしてこの法律を適用する。」とされている。

第2節　保険関係の成立

問題 012　O　　　R　□□□□□□□□

　労災保険の適用事業の事業主については、その事業が開始された日の翌日に、その事業につき労災保険に係る労働保険の保険関係が成立する。

第1節　保険関係と事業の種類

解答 010　○　法39条、則70条／P11　社労士24P5▼

記述の通り正しい。

+α　【二元適用事業に該当する事業】

ア　都道府県及び市町村の行う事業

イ　上記アに準ずるものの行う事業

ウ　農林、水産（船員が雇用される事業を除く。）、畜産又は養蚕の事業

エ　建設の事業

オ　港湾労働法の適用される港湾における港湾運送の行為を行う事業

解答 011　×　法39条、則70条／P11　社労士24P5▼

国の行う事業は、事業そのものについて労災保険法の適用が除外されており、労災保険に係る保険関係が成立する余地がないため、二元適用事業とはされない。

第2節　保険関係の成立

解答 012　×　法3条／P11　社労士24P6▼

労災保険の適用事業の事業主については、その事業が開始された「日」に、その事業につき労災保険に係る労働保険の保険関係が成立する。

保険関係　第2章　6

問題 013 O   R   ☐☐☐☐☐☐☐

　建設の有期事業を行う事業主は、当該事業に係る労災保険の保険関係が成立した場合には、その成立した日の翌日から起算して20日以内に保険関係成立届を所轄労働基準監督署長に提出しなければならない。

問題 014 O   R   ☐☐☐☐☐☐☐

　一元適用事業であって労働保険事務組合に労働保険事務の処理を委託するものに関する保険関係成立届の提出先は、所轄労働基準監督署長である。

問題 015 災平2509 B   ☐☐☐☐☐☐☐

　労働保険の保険関係は、適用事業の事業主が、その事業が開始された日から10日以内に保険関係成立届を所轄労働基準監督署長又は所轄公共職業安定所長に提出することによって成立する。

問題 016 災令0308 B   ☐☐☐☐☐☐☐

　労災保険に任意加入しようとする任意適用事業の事業主は、任意加入申請書を所轄労働基準監督署長を経由して所轄都道府県労働局長に提出し、厚生労働大臣の認可があった日の翌日に、当該事業について労災保険に係る保険関係が成立する。

7　第2章　保険関係

解答 013 × 法4条の2、則4条／P12 社労士24P6▼

　労働保険の保険関係が成立した事業の事業主は、その成立した日から「10日」以内（民法の規定により翌日起算）に、その成立した日、事業主の氏名又は名称及び住所、事業の種類、事業の行われる場所その他厚生労働省令で定める事項を政府に届け出なければならない。

解答 014 × 則1条／P12 社労士24P6▼

　本肢の場合、提出先は「所轄公共職業安定所長」である。

　　+α 【一元適用事業】
　　　　→労働保険事務組合への事務処理委託「有」→所轄公共職業安定所長
　　　　→労働保険事務組合への事務処理委託「無」→所轄労働基準監督署長
　　　　※雇用保険に係る保険関係のみが成立している場合は、所轄公共職業
　　　　　安定所長。
　　　　【二元適用事業】
　　　　※労働保険事務組合への事務処理委託の有無を問わない。
　　　　→雇用保険に係るもの→所轄公共職業安定所長
　　　　→労災保険に係るもの→所轄労働基準監督署長

解答 015 × 法3条、4条、4条の2／P12・11 社労士24P6▼

　労災保険又は雇用保険の適用事業については、「その事業が開始された日、又は適用事業に該当するに至った日」に、その事業につき労災保険又は雇用保険に係る保険関係が「法律上当然に成立」する。

解答 016 × 整備法5条／P13 社労士24P6▼

　本肢の「認可があった日の翌日」について、正しくは「認可があった日」である。

保険関係　第2章　8

問題 017 災平2708 A □□□□□□□

　農業の事業で、労働者を常時4人使用する民間の個人事業主は、使用する労働者2名の同意があるときには、労災保険の任意加入の申請をしなければならない。

問題 018 雇令0410 A □□□□□□□

　雇用保険法第6条に該当する者を含まない4人の労働者を雇用する民間の個人経営による農林水産の事業（船員が雇用される事業を除く。）において、当該事業の労働者のうち2人が雇用保険の加入を希望した場合、事業主は任意加入の申請をし、認可があったときに、当該事業に雇用される者全員につき雇用保険に加入することとなっている。

問題 019 雇令0410 B □□□□□□□

　雇用保険の適用事業に該当する事業が、事業内容の変更、使用労働者の減少、経営組織の変更等により、雇用保険暫定任意適用事業に該当するに至ったときは、その翌日に、自動的に雇用保険の任意加入の認可があったものとみなされ、事業主は雇用保険の任意加入に係る申請書を所轄公共職業安定所長を経由して所轄都道府県労働局長に改めて提出することとされている。

問題 020 災平2909 B □□□□□□□

　労災保険の適用事業が、使用労働者数の減少により、労災保険暫定任意適用事業に該当するに至ったときは、その翌日に、その事業につき所轄都道府県労働局長による任意加入の認可があったものとみなされる。

9　第2章　保険関係

解答 017　×　整備法5条／P13　社労士24P6▼

　労災保険暫定任意適用事業の事業主は、その事業に使用される労働者の「過半数（本肢の場合、3名以上。）が希望」するときは、労災保険の任意加入の申請をしなければならない。

解答 018　○　法附則2条／P14　社労士24P6▼

　記述の通り正しい。

解答 019　×　法附則2条、則附則2条／P14　社労士24P6▼

　本肢の場合、任意加入に係る申請書を提出することを要しない。

解答 020　○　整備法5条／P14　社労士24P6▼

　なお、暫定任意適用事業に該当するため適用されていなかった事業が強制適用事業に該当するに至ったときは、強制適用事業に係る保険関係の成立と同じく、強制適用事業に該当するに至った日に保険関係が成立する。

問題 021　災平2909 D　☐☐☐☐☐☐☐☐ ☆

　労働保険の保険関係が成立している事業の法人事業主は、その代表取締役に異動があった場合には、その氏名について変更届を所轄労働基準監督署長又は所轄公共職業安定所長に提出しなければならない。

第3節　保険関係の消滅

問題 022　雇平2608 A　☐☐☐☐☐☐☐

　保険関係の成立している事業は、その事業の廃止又は終了の日の翌日に、その事業についての保険関係は法律上当然に消滅するが、例えば法人の場合、その法人が解散したからといって直ちにその事業が廃止されたことにはならず、特別の事情がない限りその清算結了の日の翌日に保険関係が消滅するとされている。

問題 023　災平2909 A　☐☐☐☐☐☐☐

　労働保険の保険関係が成立している事業の事業主は、当該事業を廃止したときは、当該事業に係る保険関係廃止届を所轄労働基準監督署長又は所轄公共職業安定所長に提出しなければならず、この保険関係廃止届が受理された日の翌日に、当該事業に係る労働保険の保険関係が消滅する。

解答 021 × 則5条／P15 社労士24P-▼

法人の代表取締役に異動があった場合は、変更届の対象になっていない。

+α 【変更事項の届出】

下記の事項に変更があったとき、保険関係の成立している事業の事業主は、変更を生じた日の翌日から起算して10日以内に所轄公共職業安定所長又は所轄労働基準監督署長に届け出なければならない。

① 事業主の氏名又は名称及び住所又は所在地

② 事業の名称

③ 事業の行われる場所

④ 事業の種類

⑤ 有期事業にあっては、事業の予定される期間

第3節 保険関係の消滅

解答 022 ○ 法5条／P16 社労士24P-▼

記述の通り正しい。

解答 023 × 法5条／P16 社労士24P7▼

保険関係が成立している事業が廃止され、又は終了したときは、その事業についての保険関係は、「その日の翌日」に消滅する。なお、保険関係の消滅に関する届出は定められていない。

保険関係 第2章 12

問題 024 災令0308 D □□□□□□□

　労災保険に係る保険関係の消滅を申請しようとする労災保険暫定任意適用事業の事業主は、保険関係消滅申請書を所轄労働基準監督署長を経由して所轄都道府県労働局長に提出し、厚生労働大臣の認可があった日の翌日に、当該事業についての保険関係が消滅する。

問題 025 災令0308 E □□□□□□□

　労災保険暫定任意適用事業の事業者がなした保険関係の消滅申請に対して厚生労働大臣の認可があったとき、当該保険関係の消滅に同意しなかった者については労災保険に係る保険関係は消滅しない。

問題 026 災平2909 E □□□□□□□

　労働保険の保険関係が成立している暫定任意適用事業の事業主は、その保険関係の消滅の申請を行うことができるが、労災保険暫定任意適用事業と雇用保険暫定任意適用事業で、その申請要件に違いはない。

問題 027 災令0308 C □□□□□□□

　労災保険に加入する以前に労災保険暫定任意適用事業において発生した業務上の傷病に関して、当該事業が労災保険に加入した後に事業主の申請により特例として行う労災保険の保険給付が行われることとなった労働者を使用する事業である場合、当該保険関係が成立した後1年以上経過するまでの間は脱退が認められない。

解答 024 ○ 整備法8条／P17 社労士24P7▼

記述の通り正しい。

解答 025 × 整備法8条／P17 社労士24P7▼

本肢の場合、「当該保険関係の消滅に同意しなかった者も含めて労災保険に係る保険関係が消滅する」。

解答 026 × 整備法8条、法附則4条／P17 社労士24P7▼

保険関係の消滅の申請は、労災保険暫定任意適用事業と雇用保険暫定任意適用事業で申請要件が異なる（下記参照）。

+α 【労災保険】
① 保険関係成立後1年以上経過していること
② その事業に使用される労働者の過半数の同意を得ること
③ 特例による保険給付が行われることになった労働者に係る事業にあっては、労災保険の特別保険料が徴収される期間を経過していること

【雇用保険】
その事業に使用される労働者の4分の3以上の同意を得ること

解答 027 × 整備法8条／P17 社労士24P7▼

本肢の場合における脱退が認められない期間は「当該保険関係が成立した後1年以上経過するまでの間」ではなく「特別保険料が徴収される期間」である。

問題 028　災令0110　　□□□□□□□

　労働保険の保険関係の成立及び消滅に関する次のアからオの記述のうち、誤っているものの組合せは、後記AからEまでのうちどれか。

ア　一元適用事業であって労働保険事務組合に事務処理を委託しないもののうち雇用保険に係る保険関係のみが成立する事業は、保険関係成立届を所轄公共職業安定所長に提出することとなっている。

イ　建設の事業に係る事業主は、労災保険に係る保険関係が成立するに至ったときは労災保険関係成立票を見やすい場所に掲げなければならないが、当該事業を一時的に休止するときは、当該労災保険関係成立票を見やすい場所から外さなければならない。

ウ　労災保険暫定任意適用事業の事業主が、その事業に使用される労働者の同意を得ずに労災保険に任意加入の申請をした場合、当該申請は有効である。

エ　労災保険に係る保険関係が成立している労災保険暫定任意適用事業の事業主が、労災保険に係る保険関係の消滅を申請する場合、保険関係消滅申請書に労働者の同意を得たことを証明することができる書類を添付する必要はない。

オ　労働保険の保険関係が成立した事業の事業主は、その成立した日から10日以内に、法令で定める事項を政府に届け出ることとなっているが、有期事業にあっては、事業の予定される期間も届出の事項に含まれる。

　　　A　（アとウ）
　　　B　（アとエ）
　　　C　（イとエ）
　　　D　（イとオ）
　　　E　（エとオ）

15　第2章　保険関係

解答 028　C　（イとエ）

ア　○　則1条、整備令18条／P12　社労士24P6▼

　　記述の通り正しい。

イ　×　則77条／P－　社労士24P－▼

　　本肢の事業を一時的に休止するときに、労災保険関係成立票を見やす
　　い場所から外さなければならないという規定はない。

ウ　○　整備法5条／P13　社労士24P6▼

　　記述の通り正しい。

エ　×　整備令3条／P17　社労士24P7▼

　　本肢の場合、労働者の同意を得たことを証明することができる書類を
　　添付しなければならない。

オ　○　法4条の2、則4条／P13　社労士24P－▼

　　記述の通り正しい。

保険関係　第2章　16

第4節　保険関係の一括

問題 029　災令0510A　🈟 □□□□□□□

　　事業主が同一人である2以上の事業（有期事業以外の事業に限る。）であって、労働保険徴収法施行規則第10条で定める要件に該当するものに関し、当該事業主が当該2以上の事業について成立している保険関係の全部又は一部を一の保険関係とすることを継続事業の一括という。

問題 030　災令0510B　🈟 □□□□□□□

　　継続事業の一括に当たって、労災保険に係る保険関係が成立している事業のうち二元適用事業と、一元適用事業であって労災保険及び雇用保険の両保険に係る保険関係が成立している事業とは、一括できない。

問題 031　災令0510C　🈟 □□□□□□□

　　継続事業の一括に当たって、雇用保険に係る保険関係が成立している事業のうち二元適用事業については、それぞれの事業が労災保険率表による事業の種類を同じくしている必要はない。

問題 032　災令0510D　🈟 □□□□□□□

　　暫定任意適用事業にあっては、継続事業の一括の申請前に労働保険の保険関係が成立していなくとも、任意加入の申請と同時に一括の申請をして差し支えない。

17　第2章　保険関係

第4節　保険関係の一括

解答 029　○　法9条／P20　社労士24P9▼

記述の通り正しい。

解答 030　○　法9条、則10条／P20　社労士24P9▼

継続事業の一括については、「それぞれの事業が以下アからウのいずれか一にのみ該当するものであること」が一要件となっている。
　ア　労災保険に係る保険関係が成立している二元適用事業
　イ　雇用保険に係る保険関係が成立している二元適用事業
　ウ　労災保険及び雇用保険に係る保険関係が両保険とも成立している一元
　　適用事業
したがって、「アとイ」「アとウ」「イとウ」は、いずれも一括することはできない。つまり、一括するためには、それぞれの事業について成立している保険関係に同一性があることが必要である。

解答 031　×　則10条／P20　社労士24P9▼

雇用保険に係る保険関係が成立している事業のうち二元適用事業についても、それぞれの事業が労災保険率表による事業の種類を「同じくしている必要がある」。

解答 032　○　S40.7.31基発901／P20　社労士24P9▼

記述の通り正しい。

保険関係　第2章　18

問題 033　災令0510E 🆕 □□□□□□□

　労働保険徴収法第9条の継続事業の一括の認可を受けようとする事業主は、所定の申請書を同条の規定による厚生労働大臣の一の事業の指定を受けることを希望する事業に係る所轄都道府県労働局長に提出しなければならないが、指定される事業は当該事業主の希望する事業と必ずしも一致しない場合がある。

問題 034　雇平2309D □□□□□□□

　継続事業の一括の申請は、一元適用事業の場合は、それぞれの保険に係る保険関係ごとに個別に所轄都道府県労働局長に対して行わなければならない。

問題 035　災平3008C □□□□□□□

　一括扱いの認可を受けた事業主が新たに事業を開始し、その事業をも一括扱いに含めることを希望する場合の継続事業一括扱いの申請は、当該事業に係る所轄都道府県労働局長に対して行う。

問題 036　災平3008A □□□□□□□

　継続事業の一括について都道府県労働局長の認可があったときは、都道府県労働局長が指定する一の事業（「指定事業」という。）以外の事業に係る保険関係は、消滅する。

19　第2章　保険関係

解答 033 ○ 法9条、則10条／P21 社労士24P9▼

記述の通り正しい。

解答 034 × 則10条／P21 社労士24P9▼

継続事業の一括の認可を受けようとする事業主は、継続事業一括申請書を、「指定を受けることを希望する事業に係る所轄都道府県労働局長」に提出しなければならないこととされており、本肢の一元適用事業の場合、当該申請はそれぞれの保険に係る保険関係ごとに個別に行わなければならないものではない。

解答 035 × 法9条、S40.7.31基発901／P21 社労士24P9▼

本肢の継続事業一括扱いの申請は、「指定事業」の所轄都道府県労働局長に対して行う。

解答 036 ○ 法9条、則76条／P21 社労士24P10▼

記述の通り正しい。

+α 【継続事業の一括による保険料の取扱い】

① 指定事業

指定事業では、通常、労働保険料の増加概算保険料の納付の必要が生ずる。

② 指定事業以外の事業

指定事業以外の事業では、労働保険料の確定精算が必要となる。

保険関係 第2章 20

問題 037 災平3008E □□□□□□□

　一括されている継続事業のうち指定事業以外の事業の全部又は一部の事業の種類が変更されたときは、事業の種類が変更された事業について保険関係成立の手続をとらせ、指定事業を含む残りの事業については、指定事業の労働者数又は賃金総額の減少とみなして確定保険料報告の際に精算することとされている。

問題 038 雇平2108C □□□□□□□☆

　継続事業の一括の認可を受けた指定事業の事業主は、その指定事業の名称又は当該事業の行われる場所に変更があったときは、遅滞なく、継続被一括事業名称・所在地変更届を指定事業に係る所轄都道府県労働局長に提出しなければならない。

問題 039 災令0310B □□□□□□□

　有期事業の一括が行われる要件の一つとして、それぞれの事業が、労災保険に係る保険関係が成立している事業であり、かつ建設の事業又は立木の伐採の事業であることが定められている。

問題 040 災令0310C □□□□□□□

　建設の事業に有期事業の一括が適用されるには、それぞれの事業の種類を同じくすることを要件としているが、事業の種類が異なっていたとしても、労災保険率が同じ事業は、事業の種類を同じくするものとみなして有期事業の一括が適用される。

21　第2章　保険関係

解答 037 ○ 法9条、S40.7.31基発901／P22 社労士24 P10▼

記述の通り正しい。

解答 038 × 則10条／P22・15 社労士24 P10▼

「継続被一括事業名称・所在地変更届」を提出するのは、「指定事業以外の事業」の名称等に変更があったときである。なお、指定事業の名称等に変更があった場合は、「変更を生じた日の翌日から起算して10日以内」に、「名称、所在地変更届」により、その旨を「所轄公共職業安定所長又は所轄労働基準監督署長」に届け出なければならない。

解答 039 ○ 法7条、則6条／P23・10 社労士24 P11▼

記述の通り正しい。

解答 040 × S40.7.31基発901／P23 社労士24 P11▼

建設の事業に有期事業の一括が適用されるには、「それぞれの事業が労災保険率表による事業の種類を同じくすること」が要件とされており、事業の種類が異なるときは、労災保険率が同じであっても有期事業の一括は適用されない。

問題 041 O R □□□□□□□

有期事業の一括の要件として、それぞれの事業が、一括事務所の所在地を管轄する都道府県労働局の管轄区域又はこれと隣接する都道府県労働局の管轄区域（厚生労働大臣が指定する都道府県労働局の管轄区域を含む。）内で行われることが必要である。

問題 042 災令0310 D □□□□□□□ ☆

同一人がX株式会社とY株式会社の代表取締役に就任している場合、代表取締役が同一人であることは、有期事業の一括が行われる要件の一つである「事業主が同一人であること」に該当せず、有期事業の一括は行われない。

問題 043 災令0310 E □□□□□□□ ☆

X会社がY会社の下請として施工する建設の事業は、その事業の規模及び事業の種類が有期事業の一括の要件を満たすものであっても、X会社が元請として施工する有期事業とは一括されない。

問題 044 災平2808 B □□□□□□□

有期事業の一括の対象となる事業に共通する要件として、それぞれの事業の規模が、労働保険徴収法による概算保険料を算定することとした場合における当該保険料の額が160万円未満であり、かつ期間中に使用する労働者数が常態として30人未満であることとされている。

問題 045 災平2110 D □□□□□□□

労働保険徴収法第7条（有期事業の一括）の規定の要件に該当する建設の事業の規模は、請負金額が1億8千万円未満で、かつ、概算保険料の額に相当する額が160万円未満のものである。

解答 041　×　則6条／P23　社労士24 P10▼

有期事業の一括に係る要件に地域的な制限はない。

解答 042　○　法7条／P23　社労士24 P11▼

「事業主が同一人」であるとは、「当該事業が同一企業に属している」ということをさす。

解答 043　○　S40.7.31基発901／P23・24　社労士24 P11▼

記述の通り正しい。

解答 044　×　則6条／P24　社労士24 P11▼

有期事業の一括の対象となる事業に共通する要件として、「期間中に使用する労働者数が常態として30人未満であること」は、要件となっていない。

解答 045　○　則6条／P24　社労士24 P11▼

なお、有期事業の一括の規定の要件に該当する「立木の伐採」の事業の規模は、「素材の見込生産量が1,000立方メートル未満で、かつ、概算保険料の額に相当する額が160万円未満」のものである。

保険関係　第2章　24

問題 046　災令0310 A □□□□□□□

　有期事業の一括が行われるには、当該事業の概算保険料の額（労働保険徴収法第15条第２項第１号又は第２号の労働保険料を算定することとした場合における当該労働保険料の額）に相当する額が160万円未満でなければならない。

問題 047　災平2808 D □□□□□□□

　当初、独立の有期事業として保険関係が成立した事業が、その後、事業の規模が変動し有期事業の一括のための要件を満たすに至った場合は、その時点から有期事業の一括の対象事業とされる。

問題 048　災平2310 E □□□□□□□

　有期事業の一括の要件としては、それぞれの事業に係る労働保険料の納付の事務が一の事務所で取り扱われることが必要であるとされているが、当該事業の施工に当たるものの、労働保険料の申告及び納付事務を行う事務能力を有しない事務所については、当該事務所を統括管理する事務所のうち、当該事業に係る労働保険料の申告及び納付事務を実際に行う直近上位の事務所を一括事務所として取り扱うこととされている。

問題 049　災平3008 D □□□□□□□

　２以上の有期事業が労働保険徴収法による有期事業の一括の対象になると、それらの事業が一括されて一の事業として労働保険徴収法が適用され、原則としてその全体が継続事業として取り扱われることになる。

25　第２章　保険関係

解答 046 ○ 法7条、則6条／P24 社労士24P11▼

記述の通り正しい。

解答 047 × S40.7.31基発901／P24 社労士24P11▼

当初、独立の有期事業として保険関係が成立した事業は、その後、事業規模の縮小があった場合でも、一括扱いの対象とはしない。

+α 【事業の規模に変更があった場合】

　ア　一括された個々の事業については、その後事業規模の拡大があった場合でも、あくまで当初の一括扱いによることとし、新たに独立の有期事業として取り扱わない。

　イ　当初独立の有期事業として保険関係が成立した事業は、その後、事業規模の縮小があった場合でも、一括扱いの対象とはしない。

解答 048 ○ 則6条／P24 社労士24P－▼

記述の通り正しい。

解答 049 ○ 法7条、S40.7.31基発901／P25 社労士24P12▼

なお、労働保険料の申告・納付については、通常の継続事業と同様に年度更新の手続がなされることとなる。

保険関係　第2章　26

問題 050　災平2808 E　☐☐☐☐☐☐☐

　有期事業の一括が行われると、その対象とされた事業はその全部が一つの事業とみなされ、みなされた事業に係る労働保険徴収法施行規則による事務については、労働保険料の納付の事務を行うこととなる一つの事務所の所在地を管轄する都道府県労働局長及び労働基準監督署長が、それぞれ、所轄都道府県労働局長及び所轄労働基準監督署長となる。

問題 051　災令0208 A　☐☐☐☐☐☐☐

　請負事業の一括は、労災保険に係る保険関係が成立している事業のうち、建設の事業又は立木の伐採の事業が数次の請負によって行われるものについて適用される。

問題 052　災令0208 B　☐☐☐☐☐☐☐

　請負事業の一括は、元請負人が、請負事業の一括を受けることにつき所轄労働基準監督署長に届け出ることによって行われる。

問題 053　災令0208 C　☐☐☐☐☐☐☐

　請負事業の一括が行われ、その事業を一の事業とみなして元請負人のみが当該事業の事業主とされる場合、請負事業の一括が行われるのは、「労災保険に係る保険関係が成立している事業」についてであり、「雇用保険に係る保険関係が成立している事業」については行われない。

問題 054　災平2710 B　☐☐☐☐☐☐☐

　厚生労働省令で定める事業が数次の請負によって行われる場合の元請負人及び下請負人が、下請負事業の分離の認可を受けるためには、当該下請負人の請負に係る事業が建設の事業である場合は、その事業の規模が、概算保険料を算定することとした場合における概算保険料の額に相当する額が160万円未満、かつ、請負金額が1億8,000万円未満でなければならない。

27　第2章　保険関係

解答 050 ○　則6条／P25　社労士24P－▼

記述の通り正しい。

解答 051 ×　法8条、則7条／P26　社労士24P12▼

請負事業の一括の対象となるのは、「建設の事業」であり、立木の伐採の事業は対象とならない。

解答 052 ×　法8条／P26　社労士24P12▼

請負事業の一括は、「法律上当然」に一の事業とみなされ、所轄労働基準監督署長への届出は要しない。

解答 053 ○　法8条、則7条／P26　社労士24P12▼

記述の通り正しい。

解答 054 ×　則9条、6条／P27　社労士24P13▼

下請負事業分離に係る事業規模の要件は、概算保険料の額が160万円「以上」、「又は」、請負金額が1億8,000万円「以上」である。

保険関係　第2章　28

問題 055　O　　R　☐☐☐☐☐☐☐

　労働保険徴収法第8条第2項の規定に基づき、下請負人をその請負事業の事業主とする認可を受けようとする元請負人及び下請負人は、やむを得ない理由がない限り、保険関係が成立した日の翌日から起算して15日以内に、下請負人を事業主とする認可申請書を所轄都道府県労働局長に提出しなければならない。

問題 056　災平2710A　☐☐☐☐☐☐☐

　厚生労働省令で定める事業が数次の請負によって行われる場合の元請負人及び下請負人が、下請負事業の分離の認可を受けようとするときは、保険関係が成立した日の翌日から起算して10日以内であれば、そのいずれかが単独で、当該下請負人を事業主とする認可申請書を所轄都道府県労働局長に提出して、認可を受けることができる。

問題 057　災平2710E　☐☐☐☐☐☐☐

　厚生労働省令で定める事業が数次の請負によって行われる場合の元請負人及び下請負人が、下請負事業の分離の認可を受けた場合、当該下請負人の請負に係る事業を一の事業とみなし、当該下請負人のみが当該事業の事業主とされ、当該下請負人以外の下請負人及びその使用する労働者に対して、労働関係の当事者としての使用者となる。

問題 058　災平2710C　☐☐☐☐☐☐☐

　厚生労働省令で定める事業が数次の請負によって行われる場合の元請負人及び下請負人が、下請負事業の分離の認可を受けるためには、当該下請負人の請負に係る事業が立木の伐採の事業である場合は、その事業の規模が、素材の見込生産量が千立方メートル未満、かつ、請負金額が1億8,000万円未満でなければならない。

解答 055 × 則8条／P28 社労士24P13▼

　下請負人を事業主とする認可申請書の提出期限は、保険関係成立日の翌日から起算して「15日以内」ではなく、「10日以内」である。

解答 056 × 則8条／P28 社労士24P13▼

　下請負事業分離の認可を受けようとするときは、「元請負人及び下請負人が共同」で、下請負人を事業主とする認可申請書を提出しなければならない。

解答 057 × 法8条／P28 社労士24P13▼

　本肢の認可があった場合には、下請負事業を元請負事業から独立した1つの事業として別個の保険関係を成立させ、その下請負人を当該事業の事業主とする。下請負人が、下請負人以外の下請負人やその使用する労働者に対して、労働関係の当事者としての使用者となるわけではない。

解答 058 × 法8条、則7条／P28 社労士24P13▼

　本肢の数次の請負に係る事業は、「建設の事業」に限られる。

保険関係　第2章　30

問題 059 雇平2809 A □□□□□□□

　請負事業の一括の規定により元請負人が事業主とされる場合は、当該事業に係る労働者のうち下請負人が使用する日雇労働被保険者に係る印紙保険料についても、当該元請負人が納付しなければならない。

問題 060 災平3008 B □□□□□□□

　継続事業の一括について都道府県労働局長の認可があったときは、被一括事業の労働者に係る労災保険給付（二次健康診断等給付を除く。）の事務や雇用保険の被保険者資格の確認の事務等は、その労働者の所属する被一括事業の所在地を管轄する労働基準監督署長又は公共職業安定所長がそれぞれの事務所掌に応じて行う。

31　第2章　保険関係

解答 059 ×　法 8 条、23条／P 29　社労士24 P 8▼

　　印紙保険料の納付に関する事務については、一括の効果が及ばない。した
がって、下請負人が使用する日雇労働被保険者に係る印紙保険料については、
「当該下請負人」が納付しなければならない。

解答 060 ○　法 9 条、則76条、S40.7.31基発901／P 29　社労士24 P 8▼

　　記述の通り正しい。

　　+α　【保険関係の一括の効果が及ばない事務】
　　　　以下①～③の事務は、一括の効果が及ばない。
　　　　①　労災保険及び雇用保険の給付に関する事務
　　　　②　雇用保険の被保険者に関する事務
　　　　③　印紙保険料の納付に関する事務

第1節　労働保険料

問題 061　災令0108A　□□□□□□□

　労働保険徴収法第10条において政府が徴収する労働保険料として定められているものは、一般保険料、第1種特別加入保険料、第2種特別加入保険料、第3種特別加入保険料及び印紙保険料の計5種類である。

第2節　一般保険料

問題 062　雇平3008B　□□□□□□□

　労働保険徴収法第39条第1項に規定する事業以外の事業（一元適用事業）の場合は、労災保険に係る保険関係と雇用保険に係る保険関係ごとに別個の事業として一般保険料の額を算定することはない。

問題 063　雇令0408A　□□□□□□□

　労働保険徴収法第39条第1項に規定する事業以外の事業（いわゆる一元適用事業）であっても、雇用保険法の適用を受けない者を使用するものについては、二元適用事業に準じ、当該事業を労災保険に係る保険関係及び雇用保険に係る保険関係ごとに別個の事業とみなして一般保険料の額を算定するが、一般保険料の納付（還付、充当、督促及び滞納処分を含む。）については、一元適用事業と全く同様である。

33　第3章　労働保険料

第1節　労働保険料

解答 061　×　法10条／P32　社労士24P14▼

　　労働保険徴収法第10条に定める労働保険料は、本肢の他に「特例納付保険料を加えた6種類」である。

> **+α**　・石綿による健康被害の救済に関する法律の規定により、労災保険適用事業主は一般拠出金を納付する義務を負うことになるが、当該一般拠出金は労働保険料ではない。
> 　　　　・一般拠出金の額の算定に当たって用いる料率は、労災保険のメリット制の対象事業場であってもメリット料率（割増・割引）の適用はない。

第2節　一般保険料

解答 062　×　整備省令17条／P33　社労士24P15▼

　　一元適用事業の場合であっても、雇用保険法の適用を受けない者を使用するものについては、当該事業を労災保険に係る保険関係及び雇用保険に係る保険関係ごとに別個の事業とみなして一般保険料の額を算定するものとされる。

解答 063　○　整備省令17条／P33　社労士24P15▼

　　記述の通り正しい。

問題 064　災令0108 B　□□□□□□□

一般保険料の額は、原則として、賃金総額に一般保険料率を乗じて算出されるが、労災保険及び雇用保険に係る保険関係が成立している事業にあっては、労災保険率、雇用保険率及び事務経費率を加えた率がこの一般保険料率になる。

問題 065　O　　　R　□□□□□□□

労災保険に係る保険関係が成立している事業のうち請負による事業であって、賃金総額を正確に算定することが困難なものについては、その事業の種類に従い、請負金額（一定の場合には、所定の計算方法による。）に労務費率を乗じて得た額を賃金総額とする。

問題 066　雇平3008 C　□□□□□□□

請負による建設の事業に係る賃金総額については、常に厚生労働省令で定めるところにより算定した額を当該事業の賃金総額とすることとしている。

問題 067　災令0410 C　□□□□□□□

労災保険に係る保険関係が成立している請負による建設の事業であって、労働保険徴収法第11条第１項、第２項に規定する賃金総額を正確に算定することが困難なものについては、その事業の種類に従い、請負金額に同法施行規則別表第２に掲げる労務費率を乗じて得た額を賃金総額とするが、その賃金総額の算定に当たっては、消費税等相当額を含まない請負金額を用いる。

35　第3章　労働保険料

解答 064 ×　法12条／P33　社労士24 P 15▼

一般保険料率に事務経費率は含まれていない。

解答 065 ×　法11条、則12条／P34　社労士24 P 15▼

本肢の規定の適用を受ける事業は、請負による「建設の事業」に限られる。

解答 066 ×　法11条、則12条／P34　社労士24 P 15▼

請負による建設の事業に係る賃金総額については、「賃金総額を正確に算定することが困難なもの」については、厚生労働省令で定めるところにより算定した額（請負金額にその事業の種類に応じて定められている労務費率を乗じた額）を当該事業に係る賃金総額とする。

解答 067 ○　則13条／P34　社労士24 P 15▼

記述の通り正しい。

労働保険料　第3章　36

問題 068　災令0410 B　□□□□□□□

　労災保険に係る保険関係が成立している造林の事業であって、労働保険徴収法第11条第１項、第２項に規定する賃金総額を正確に算定することが困難なものについては、所轄都道府県労働局長が定める素材１立方メートルを生産するために必要な労務費の額に、生産するすべての素材の材積を乗じて得た額を賃金総額とする。

問題 069　災令0108 C　□□□□□□□☆

　賃金総額の特例が認められている請負による建設の事業においては、請負金額に労務費率を乗じて得た額が賃金総額となるが、ここにいう請負金額とは、いわゆる請負代金の額そのものをいい、注文者等から支給又は貸与を受けた工事用物の価額等は含まれない。

問題 070　O　　　　R　□□□□□□□

　労災保険率は、労災保険法の規定による保険給付及び社会復帰促進等事業に要する費用の予想額に照らし、将来にわたって、労災保険の事業に係る財政の均衡を保つことができるものでなければならないものとし、政令で定めるところにより、労災保険法の適用を受ける全ての事業の過去５年間の業務災害、複数業務要因災害及び通勤災害に係る災害率並びに二次健康診断等給付に要した費用の額、社会復帰促進等事業として行う事業の種類及び内容その他の事情を考慮して厚生労働大臣が定める。

問題 071　雇令0510 C　㊟　□□□□□□□

　雇用保険率は、雇用保険法の規定による保険給付及び社会復帰促進等事業に要する費用の予想額に照らし、将来にわたって、雇用保険の事業に係る財政の均衡を保つことができるものでなければならないものとされる。

37　第３章　労働保険料

解答 068 × 則12条、15条／P34 社労士24P15▼

　本肢の場合、「その事業の労働者につき労働基準法の規定に基づき厚生労働大臣が定める平均賃金に相当する額に、それぞれの労働者の使用期間の総日数を乗じて得た額の合算額」を賃金総額とする。

解答 069 × 則13条／P35・34 社労士24P15▼

　本肢の請負金額には、注文者等から支給又は貸与を受けた工事用物の価額等を「含める」。

解答 070 × 法12条／P35 社労士24P16▼

　労災保険率は、労災保険法の規定による保険給付及び社会復帰促進等事業に要する費用の予想額に照らし、将来にわたって、労災保険の事業に係る財政の均衡を保つことができるものでなければならないものとし、政令で定めるところにより、労災保険法の適用を受ける全ての事業の「過去3年間」の業務災害、複数業務要因災害及び通勤災害に係る災害率並びに二次健康診断等給付に要した費用の額、社会復帰促進等事業として行う事業の種類及び内容その他の事情を考慮して厚生労働大臣が定める。

解答 071 × 法12条／P37 社労士24P17▼

　本肢のような規定はない。

労働保険料　第3章　38

問題 072 災平2610 A 　□□□□□□□

　個々の事業に対する労災保険率の適用は、事業主が同一人であって業種が異なる二以上の部門が場所的に分かれ、それぞれ独立した運営が行われている場合には、常時使用される労働者の数が最も多い部門の業種に応ずる労災保険率を適用する。

問題 073 雇令0510 E 🆕 □□□□□□□

　一般の事業について、雇用保険率が1,000分の15.5であり、二事業率が1,000分の3.5のとき、事業主負担は1,000分の9.5、被保険者負担は1,000分の6となる。

問題 074 災令0109 A 　□□□□□□□

　一般保険料における雇用保険率について、建設の事業、清酒製造の事業及び園芸サービスの事業は、それらの事業以外の一般の事業に適用する料率とは別に料率が定められている。

問題 075 雇令0208 E 　□□□□□□□

　厚生労働大臣は、毎会計年度において、徴収保険料額及び雇用保険に係る各種国庫負担額の合計額と失業等給付額等との差額が、労働保険徴収法第12条第5項に定める要件に該当するに至った場合、必要があると認めるときは、労働政策審議会の同意を得て、1年以内の期間を定めて雇用保険率を一定の範囲内において変更することができる。

問題 076 雇令0510 D 🆕 □□□□□□□

　厚生労働大臣は、労働保険徴収法第12条第5項の場合において、必要があると認めるときは、労働政策審議会の意見を聴いて、各保険年度の1年間単位で雇用保険率を同項に定める率の範囲内において変更することができるが、1年間より短い期間で変更することはできない。

39　第3章　労働保険料

解答 072 ×　H12.2.24発労徴12・基発94／P 37　社労士24P －▼

　本肢の場合、二以上の部門が場所的に分かれ、それぞれ独立した運営が行われているため、別個の事業として取り扱い、労災保険率の適用は「個々に適用」する。

解答 073 ○　法31条／P 37　社労士24P 17▼

　雇用二事業に関する保険料は、すべて事業主負担である。

解答 074 ×　法12条、S50.3.24労告12／P 38　社労士24P 17▼

　園芸サービスの事業の雇用保険率は、本肢でいう、一般の事業に適用する料率と同じ料率である。

解答 075 ×　法12条／P 38　社労士24P 17▼

　厚生労働大臣は、一定の場合において必要があると認めるときは、労働政策審議会の「意見を聴いて」、1年以内の期間を定め、雇用保険率を一定の範囲内において変更することができる。

解答 076 ×　法12条／P 38　社労士24P 17▼

　本肢の場合、必要があると認めるときは、労働政策審議会の意見を聴いて、「1年以内の期間」を定め、雇用保険率を一定の範囲内において変更することができる。

問題 077　雇令0210Ｃ　□□□□□□□

　労災保険及び雇用保険に係る保険関係が成立している事業に係る被保険者は、「当該事業に係る一般保険料の額」から、「当該事業に係る一般保険料の額に相当する額に二事業率を乗じて得た額」を減じた額の２分の１の額を負担するものとする。

問題 078　雇令0110Ａ　□□□□□□□

　事業主は、被保険者が負担すべき労働保険料相当額を被保険者に支払う賃金から控除できるが、日雇労働被保険者の賃金から控除できるのは、当該日雇労働被保険者が負担すべき一般保険料の額に限られており、印紙保険料に係る額については部分的にも控除してはならない。

問題 079　雇平2510Ｄ　□□□□□□□

　事業主は、雇用保険の被保険者が負担すべき労働保険料相当額を被保険者の賃金から控除することが認められているが、この控除は、被保険者に賃金を支払う都度、当該賃金に応ずる額についてのみ行うことができるものとされているので、例えば、月給制で毎月賃金を支払う場合に、１年間分の被保険者負担保険料額全額をまとめて控除することはできない。

問題 080　Ｏ　　　　Ｒ　□□□□□□□

　労働者派遣事業に係る労働保険料の納付義務は、派遣先事業主が負うこととされている。

解答 077 × 法31条／P39 社労士24 P 17・16▼

　　本肢の場合、「当該事業に係る一般保険料の額のうち雇用保険率に応ずる部分の額」から「当該事業に係る一般保険料の額のうち雇用保険率に応ずる部分の額に相当する額に二事業率を乗じて得た額」を減じた額の２分の１の額を負担するものとする。

解答 078 × 則60条／P39 社労士24 P 17▼

　　事業主は、日雇労働被保険者にあっては、当該日雇労働被保険者の負担すべき一般保険料の額に相当する額及び「印紙保険料の額の２分の１の額に相当する額を当該賃金から控除することができる」。

解答 079 ○ 法32条、則60条／P39 社労士24 P 17▼

　　記述の通り正しい。

解答 080 × S61.6.30発労徴41・基発383／P40 社労士24 P 17▼

　　労働者派遣事業に係る労働保険料の納付義務は、「派遣元事業主」が負うこととされている。

労働保険料　第3章　42

第3節　特別加入保険料

問題 081　災令0210C　□□□□□□□

第2種特別加入保険料額は、特別加入保険料算定基礎額の総額に第2種特別加入保険料率を乗じて得た額であり、第2種特別加入者の特別加入保険料算定基礎額は第1種特別加入者のそれよりも原則として低い。

問題 082　災令0508A　(新)　□□□□□□□

中小事業主等が行う事業に係る労災保険率が1,000分の4であり、当該中小事業主等が労災保険法第34条第1項の規定により保険給付を受けることができることとされた者である場合、当該者に係る給付基礎日額が12,000円のとき、令和5年度の保険年度1年間における第1種特別加入保険料の額は17,520円となる。

問題 083　災令0210B　□□□□□□□

継続事業の場合で、保険年度の中途に第1種特別加入者でなくなった者の特別加入保険料算定基礎額は、特別加入保険料算定基礎額を12で除して得た額に、その者が当該保険年度中に第1種特別加入者とされた期間の月数を乗じて得た額とする。当該月数に1月未満の端数があるときはその月数を切り捨てる。

43　第3章　労働保険料

第3節 特別加入保険料

解答 081 × 則21条、22条／P41 社労士24 P18▼

　第2種特別加入保険料額に係る特別加入保険料算定基礎額と第1種特別加入保険料額に係る特別加入保険料算定基礎額のそれぞれの算定に用いる給付基礎日額は、いずれも同じ範囲の額が定められているので、特別加入保険料算定基礎額も同じ範囲の額となる。

解答 082 ○ 法13条、則21条、別表4／P41 社労士24 P18▼

　本肢については、「給付基礎日額（12,000円）×365日×4/1000＝17,520円」となる。

解答 083 × 則21条／P41 社労士24 P18▼

　当該月数に1か月未満の端数があるときはその月数を「1か月とする」。

労働保険料 第3章 44

問題 084 O　　R　　☐☐☐☐☐☐☐

　個人事業主が労災保険法第34条第1項の規定に基づき、中小事業主等の特別加入の承認を受けた場合、当該事業主に係る当該承認を受けた保険年度の第1種特別加入保険料の額の算定の仕方について、正しいものは次のA〜Eのうちどれか。なお、事業の種類等は次の通りである。

・事業の種類　　不動産業
・当該事業に係る第1種特別加入保険料に係る率　　　1000分のa
・中小事業主等の特別加入申請に係る承認日　　　令和a年10月20日
・給付基礎日額　　　1万円
・特別加入保険料算定基礎額　　　365万円

　　A　365万円÷12×5か月×1000分のa
　　B　365万円÷12×5.5か月×1000分のa
　　C　365万円÷12×6か月×1000分のa
　　D　1万円×163日×1000分のa
　　E　1万円×162日×1000分のa

問題 085　災令0508B　㊗　☐☐☐☐☐☐☐

　有期事業について、中小事業主等が労災保険法第34条第1項の規定により保険給付を受けることができることとされた者である場合、当該者が概算保険料として納付すべき第1種特別加入保険料の額は、同項の承認に係る全期間における特別加入保険料算定基礎額の総額の見込額に当該事業についての第1種特別加入保険料率を乗じて算定した額とされる。

問題 086　災令0210A　　☐☐☐☐☐☐☐

　第1種特別加入保険料率は、中小事業主等が行う事業に係る労災保険率と同一の率から、労災保険法の適用を受けるすべての事業の過去3年間の二次健康診断等給付に要した費用の額を考慮して厚生労働大臣の定める率を減じた率である。

45　第3章　労働保険料

解答 084　C　　則21条／P41　社労士24P18▼

　保険年度の中途に新たに特別加入した場合、次のように特別加入保険料の額が算定される。

・「給付基礎日額×365÷12（１円未満切上げ）」×「特別加入者とされた期間の月数（１か月未満は１か月）」×「特別加入保険料率」

　本肢の場合、特別加入の承認を受けた保険年度の特別加入保険料の額の算定における月数は、「10月を１か月として扱い」翌年３月までの６か月分として算定される。

　したがって、上記算定式にあてはめると、

・「365万円（１万円×365）÷12」×「６か月」×「1000分のa」となる。

解答 085　○　　則21条、H7.3.30労徴発28／P42・41　社労士24P－▼

　記述の通り正しい。

解答 086　○　　法13条／P43　社労士24P18▼

　記述の通り正しい。

労働保険料　第3章　46

問題 087 災令0508C 🆕 ☐☐☐☐☐☐☐

労災保険法第35条第1項の規定により労災保険の適用を受けることができることとされた者に係る給付基礎日額が12,000円である場合、当該者の事業又は作業の種類がいずれであっても令和5年度の保険年度1年間における第2種特別加入保険料の額が227,760円を超えることはない。

問題 088 災令0210D ☐☐☐☐☐☐☐

第2種特別加入保険料率は、事業又は作業の種類にかかわらず、労働保険徴収法施行規則によって同一の率に定められている。

問題 089 災令0210E ☐☐☐☐☐☐☐

第2種特別加入保険料率は、第2種特別加入者に係る保険給付及び社会復帰促進等事業に要する費用の予想額に照らして、将来にわたり労災保険の事業に係る財政の均衡を保つことができるものとされているが、第3種特別加入保険料率はその限りではない。

問題 090 災令0508D 🆕 ☐☐☐☐☐☐☐

フードデリバリーの自転車配達員が労災保険法の規定により労災保険に特別加入をすることができる者とされた場合、当該者が納付する特別加入保険料は第2種特別加入保険料である。

問題 091 災令0508E 🆕 ☐☐☐☐☐☐☐

中小事業主等が行う事業に係る労災保険率が1,000分の9であり、当該中小事業主等に雇用される者が労災保険法第36条第1項の規定により保険給付を受けることができることとされた者である場合、当該者に係る給付基礎日額が12,000円のとき、令和5年度の保険年度1年間における第3種特別加入保険料の額は39,420円となる。

解答 087 ○ 法14条、則22条、別表４、別表５
／P43・41 社労士24P18▼

　本肢については、「給付基礎日額（12,000円）×365日×第２種特別加入保険料率（最も高い率：52/1000）＝227,760円」となる。したがって、第２種特別加入保険料の額が227,760円を超えることはない。

解答 088 × 法14条／P43 社労士24P18▼

　第２種特別加入保険料率は、「事業又は作業の種類によって異なる率」が定められている。

解答 089 × 法14条、14条の２／P43 社労士24P18▼

　第３種特別加入保険料率についても、第３種特別加入者に係る保険給付及び社会復帰促進等事業に要する費用の予想額に照らし、将来にわたって、労災保険の事業に係る財政の均衡を保つことができるものでなければならないものとされている。

解答 090 ○ 法14条、労災保険法35条／P43 社労士24P18▼

　フードデリバリーの自転車配達員については、労災保険法の規定による特別加入（一人親方等の特別加入）となるため、適用される特別加入保険料は「第２種特別加入保険料」となる。

解答 091 × 則23条の３／P43・41 社労士24P18▼

　本肢については、「給付基礎日額（12,000円）×365日×第３種特別加入保険料率（３/1000）＝13,140円」となる。

労働保険料　第３章　48

問題 092 雇平2208 D □□□□□□□

　海外派遣者の特別加入に係る第3種特別加入保険料については、当該海外派遣者と派遣元の事業主とで当該第3種特別加入保険料の額の2分の1ずつを負担することとされている。

第4節　印紙保険料

問題 093 雇平3008 A □□□□□□□

　賃金の日額が、11,300円以上である日雇労働被保険者に係る印紙保険料の額は、その労働者に支払う賃金の日額に1.5％を乗じて得た額である。

問題 094 雇令0210 D □□□□□□□

　日雇労働被保険者は、労働保険徴収法第31条第1項の規定によるその者の負担すべき額のほか、印紙保険料の額が176円のときは88円を負担するものとする。

解答 092　×　法31条／P43　社労士24 P 18▼

　　特別加入保険料は、労災保険の特別加入に係る保険料であるので、第3種特別加入保険料については、その「全額を事業主が負担」する。

第4節　印紙保険料

解答 093　×　法22条／P44　社労士24 P 19▼

　　賃金の日額が、11,300円以上である日雇労働被保険者に係る印紙保険料の額は、「176円」である。

解答 094　○　法22条／P44　社労士24 P 19▼

　　印紙保険料は、事業主が一般保険料に加えて納付するものである。

第1節 継続事業の概算保険料

問題 095 災令0108 D ☐☐☐☐☐☐☐

継続事業で特別加入者がいない場合の概算保険料は、その保険年度に使用するすべての労働者（保険年度の中途に保険関係が成立したものについては、当該保険関係が成立した日からその保険年度の末日までに使用するすべての労働者）に係る賃金総額（その額に1,000円未満の端数があるときは、その端数は、切り捨てる。以下本肢において同じ。）の見込額が、直前の保険年度の賃金総額の100分の50以上100分の200以下である場合は、直前の保険年度に使用したすべての労働者に係る賃金総額に当該事業についての一般保険料に係る保険料率を乗じて算定する。

問題 096 O R ☐☐☐☐☐☐☐

労災保険に係る保険関係のみ成立していた事業の事業主は、労災保険及び雇用保険の両保険に係る保険関係が成立する事業に該当するに至ったため、一般保険料に係る保険料率が変更した場合において、当該変更後の保険料率に基づいて算定した概算保険料の額が、既に納付した概算保険料の額の100分の150を超え、かつ、その差額が15万円以上であるときは、増加概算保険料を申告・納付しなければならない。

問題 097 雇令0409 A ☐☐☐☐☐☐☐

事業主は、労災保険及び雇用保険に係る保険関係が成立している事業が、保険年度又は事業期間の中途に、労災保険に係る保険関係のみ成立している事業に該当するに至ったため、当該事業に係る一般保険料率が変更した場合、既に納付した概算保険料の額と変更後の一般保険料率に基づき算定した概算保険料の額との差額について、保険年度又は事業期間の中途にその差額の還付を請求できない。

51　第4章　労働保険料の申告・納付

第1節　継続事業の概算保険料

解答 095　○　法15条、則24条／P49　社労士24P21▼

　記述の通り正しい。

解答 096　×　法16条、則附則4条／P51　社労士24P22▼

　労災保険に係る保険関係のみ成立していた事業の事業主は、労災保険及び雇用保険の両保険に係る保険関係が成立する事業に該当するに至ったため、一般保険料に係る保険料率が変更した場合において、当該変更後の保険料率に基づいて算定した概算保険料の額が、既に納付した概算保険料の額の「100分の200」を超え、かつ、その差額が「13万円」以上であるときは、増加概算保険料を申告・納付しなければならない。

解答 097　○　法16条／P51　社労士24P22▼

　記述の通り正しい。

労働保険料の申告・納付　第4章　52

問題 098　雇令0409 B　□□□□□□□□

　事業主は、労災保険に係る保険関係のみが成立している事業について、保険年度又は事業期間の中途に、労災保険及び雇用保険に係る保険関係が成立している事業に該当するに至ったため、当該事業に係る一般保険料率が変更した場合、労働保険徴収法施行規則に定める要件に該当するときは、一般保険料率が変更された日の翌日から起算して30日以内に、変更後の一般保険料率に基づく労働保険料の額と既に納付した労働保険料の額との差額を納付しなければならない。

問題 099　災平2209 B　□□□□□□□□

　政府が、保険年度の中途に、第1種特別加入保険料率、第2種特別加入保険料率又は第3種特別加入保険料率の引上げを行った場合、所轄都道府県労働局歳入徴収官は、事業主に対して、保険料率の引上げによる労働保険料の増加額等を通知して、追加徴収を行うこととなるが、当該事業主は当該通知を発せられた日から起算して50日以内に増加額を納付しなければならない。

問題 100　雇令0409 D　□□□□□□□□

　事業主は、政府が保険年度の中途に一般保険料率、第一種特別加入保険料率、第二種特別加入保険料率、第三種特別加入保険料率の引下げを行ったことにより、既に納付した概算保険料の額が保険料率引下げ後の概算保険料の額を超える場合は、保険年度の中途にその超える額の還付を請求できない。

問題 101　雇令0409 E　□□□□□□□□

　事業主は、政府が保険年度の中途に一般保険料率、第一種特別加入保険料率、第二種特別加入保険料率、第三種特別加入保険料率の引上げを行ったことにより、概算保険料の増加額を納付するに至ったとき、所轄都道府県労働局歳入徴収官が追加徴収すべき概算保険料の増加額等を通知した納付書によって納付することとなり、追加徴収される概算保険料に係る申告書を提出する必要はない。

解答 098 ○ 法16条／P51・52 社労士24P22▼

記述の通り正しい。

解答 099 × 則26条／P52・53 社労士24P23▼

本肢の場合の納付期限は、当該通知を発する日から起算して「30日」を経過した日である。

解答 100 ○ 法17条／P52 社労士24P23▼

記述の通り正しい。

解答 101 ○ 則38条／P53 社労士24P23▼

記述の通り正しい。

労働保険料の申告・納付 第4章 54

問題 102　雇令0409C　□□□□□□□

　　事業主は、保険年度又は事業期間の中途に、一般保険料の算定の基礎となる賃金総額の見込額が増加した場合に、労働保険徴収法施行規則に定める要件に該当するに至ったとき、既に納付した概算保険料と増加を見込んだ賃金総額の見込額に基づいて算定した概算保険料との差額（以下「増加概算保険料」という。）を納期限までに増加概算保険料に係る申告書に添えて申告・納付しなければならないが、その申告書の記載に誤りがあると認められるときは、所轄都道府県労働局歳入徴収官は正しい増加概算保険料の額を決定し、これを事業主に通知することとされている。

第2節　継続事業の概算保険料の延納

問題 103　雇令0508D　🈟　□□□□□□□

　　令和4年4月1日に労働保険の保険関係が成立して以降金融業を継続して営んでおり、労働保険事務組合に労働保険事務の処理を委託している事業主は、令和5年度の保険年度の納付すべき概算保険料の額が10万円であるとき、その延納の申請を行うことはできない。

問題 104　雇平2709C　□□□□□□□

　　概算保険料について延納が認められている継続事業（一括有期事業を含む。）の事業主が、納期限までに確定保険料申告書を提出しないことにより、所轄都道府県労働局歳入徴収官が労働保険料の額を決定し、これを事業主に通知した場合において、既に納付した概算保険料の額が、当該決定された確定保険料の額に足りないときは、その不足額を納付する際に延納の申請をすることができる。

55　第4章　労働保険料の申告・納付

解答 102 × 法16条／P53 社労士24 P23▼

増加概算保険料については、認定決定は行われない。

第2節 継続事業の概算保険料の延納

解答 103 × 則27条／P55 社労士24 P24▼

労働保険事務組合に労働保険事務の処理を委託している事業主は、「納付すべき概算保険料の額にかかわらず」、申請により延納することができる。

解答 104 × 法18条／P55 社労士24 P24▼

確定保険料は延納の申請をすることができない。

問題 105　O　　　R　□□□□□□□

　概算保険料について延納が認められ、前保険年度より保険関係が引き続く継続事業（一括有期事業を含む。）の事業主の4月1日から7月31日までの期分の概算保険料の納期限は、労働保険事務組合に労働保険事務の処理を委託している場合、7月24日とされている。

問題 106　災平2208 B　□□□□□□□

　保険関係が7月1日に成立し、当該保険年度の納付すべき概算保険料の額が40万円以上である継続事業の事業主が、概算保険料の延納の申請をした場合は、当該保険関係成立の日から11月30日までの期間を最初の期とし、保険関係成立の日の翌日から起算して20日以内に最初の期分の概算保険料を納付しなければならない。

問題 107　雇令0208 A　□□□□□□□

　概算保険料について延納できる要件を満たす継続事業の事業主が、7月1日に保険関係が成立した事業について保険料の延納を希望する場合、2回に分けて納付することができ、最初の期分の納付期限は8月20日となる。

問題 108　災令0108 E　□□□□□□□

　政府は、厚生労働省令で定めるところにより、事業主の申請に基づき、その者が労働保険徴収法第15条の規定により納付すべき概算保険料を延納させることができるが、有期事業以外の事業にあっては、当該保険年度において9月1日以降に保険関係が成立した事業はその対象から除かれる。

57　第4章　労働保険料の申告・納付

解答 105　×　　則27条／P55　社労士24 P 24▼

　　第1期の納期限については、労働保険事務組合に労働保険事務の処理を委託しているか否かにかかわらず、「7月10日」とされる。

解答 106　×　　則27条／P57　社労士24 P 25▼

　　本肢の場合、初回の納付期限は、保険関係成立の日の翌日から起算して「50日以内」である。

解答 107　○　　則27条／P57　社労士24 P 25▼

　　記述の通り正しい。

解答 108　×　　則27条／P57　社労士24 P 25▼

　　本肢の場合、「10月1日」以降に保険関係が成立した事業は延納の対象から除かれる。

労働保険料の申告・納付　第4章　58

問題 109　O　　　　R　□□□□□□□

保険関係成立日が令和 a 年 6 月10日である継続事業であって、令和 a 年度の概算保険料が470,000円である場合の当該年度の概算保険料の延納回数と納付額として、正しいものはどれか。

A　保険関係成立日から 7 月31日（第 1 期）、8 月 1 日から11月30日（第 2 期）、12月 1 日から翌年 3 月31日（第 3 期）に分割可能で、納付額は156,668円（第 1 期）、156,666円（第 2 期）、156,666円（第 3 期）となる。

B　保険関係成立日から 7 月31日（第 1 期）、8 月 1 日から11月30日（第 2 期）、12月 1 日から翌年 3 月31日（第 3 期）に分割可能で、納付額は156,666円（第 1 期）、156,666円（第 2 期）、156,668円（第 3 期）となる。

C　保険関係成立日から 9 月30日（第 1 期）、10月 1 日から翌年 3 月31日（第 2 期）に分割可能で、納付額はそれぞれの期において235,000円ずつとなる。

D　保険関係成立日から11月30日（第 1 期）、12月 1 日から翌年 3 月31日（第 2 期）に分割可能で、納付額はそれぞれの期において235,000円ずつとなる。

E　保険関係成立日から11月30日（第 1 期）、12月 1 日から翌年 3 月31日（第 2 期）に分割可能で、納付額は240,000円（第 1 期）、230,000円（第 2 期）となる。

問題 110　災平2208 A　□□□□□□□

納付すべき概算保険料の額が40万円以上であり、当該保険年度の 9 月30日までに保険関係が成立している継続事業の事業主は、認定決定を受けたときは、認定決定された当該概算保険料の額について、延納の申請をすることができない。

59　第 4 章　労働保険料の申告・納付

解答 109　D　則27条／P58・57　社労士24P25等▼

　６月１日から９月30日までに保険関係が成立した場合は、２回の延納が認められ、概算保険料の額を２等分した額を、それぞれの期の納期限までに納付するものとする。なお、延納する場合、各期に納付すべき保険料の額は「概算保険料の額÷期の数」で算出するが、等分した結果、１円未満の端数が生じるときは、「最初の期（第１期）分に加えて」納付する。

　本肢の場合は、２期に分けて納付が可能で、上記の端数は生じない。

解答 110　×　法18条、則27条、29条／P58　社労士24P25▼

　継続事業であって、認定決定を受けた概算保険料の額が40万円（労災保険に係る保険関係又は雇用保険に係る保険関係のみが成立している事業については、20万円）以上のもの又は当該事業に係る労働保険事務の処理が労働保険事務組合に委託されているもの（当該保険年度において10月１日以降に保険関係が成立したものを除く。）についての事業主は、当該概算保険料を納付する際に延納の申請をした場合には、その概算保険料を延納することができる。

労働保険料の申告・納付　第4章　60

問題 111　災平2208 E　□□□□□□□

継続事業の事業主は、増加概算保険料について延納を申請した場合には、増加前の概算保険料の延納をしていないときであっても、増加後の概算保険料の額が40万円を超えるときは、当該増加概算保険料を延納することができる。

問題 112　雇令0208 C　□□□□□□□☆

概算保険料について延納が認められている継続事業（一括有期事業を含む。）の事業主が、増加概算保険料の納付について延納を希望する場合、7月1日に保険料算定基礎額の増加が見込まれるとき、3回に分けて納付することができ、最初の期分の納付期限は7月31日となる。

解答 111 ×　　則30条／P58　社労士24P－▼

　事業主が増加概算保険料を延納するためには、当該事業主は「当初の概算保険料について延納が認められていなければならない」。また、増加後の概算保険料の額が40万円を超えているときは延納することができるという規定はない。

解答 112 ○　　則30条、則附則5条／P59　社労士24P－▼

　概算保険料の延納をする事業主は、増加概算保険料申告書を提出する際に延納の申請をした場合には、増加概算保険料を、保険料算定基礎額の見込額が増加した日（増加日）又は一般保険料率が変更した日（変更日）以後について、原則として4月1日から7月31日まで、8月1日から11月30日まで、12月1日から翌年3月31日までの各期に分けて納付することができる。なお、最初の期分の増加概算保険料については増加日又は変更日の翌日から起算して30日以内に納付しなければならない。

問題 113　雇令0310　　□□□□□□□

　次に示す業態をとる事業についての労働保険料に関する記述のうち、正しいものはどれか。なお、本問においては、保険料の滞納はないものとし、また、一般保険料以外の対象となる者はいないものとする。

　保険関係成立年月日：令和元年 7 月10日
　事業の種類：食料品製造業
　令和 2 年度及び 3 年度の労災保険率：1000分の 6
　令和 2 年度及び 3 年度の雇用保険率：1000分の 9
　令和元年度の確定賃金総額：4,000万円
　令和 2 年度に支払いが見込まれていた賃金総額：7,400万円
　令和 2 年度の確定賃金総額：7,600万円
　令和 3 年度に支払いが見込まれる賃金総額：3,600万円

A　令和元年度の概算保険料を納付するに当たって概算保険料の延納を申請した。当該年度の保険料は 3 期に分けて納付することが認められ、第 1 期分の保険料の納付期日は保険関係成立の日の翌日から起算して50日以内の令和元年 8 月29日までとされた。

B　令和 2 年度における賃金総額はその年度当初には7,400万円が見込まれていたので、当該年度の概算保険料については、下記の算式により算定し、111万円とされた。

　　　7,400万円×1000分の15＝111万円

C　令和 3 年度の概算保険料については、賃金総額の見込額を3,600万円で算定し、延納を申請した。また、令和 2 年度の確定保険料の額は同年度の概算保険料の額を上回った。この場合、第 1 期分の保険料は下記の算式により算定した額とされた。

　　　3,600万円×1000分の15÷ 3 ＝18万円…①

　　　(令和 2 年度の確定保険料)－(令和 2 年度の概算保険料)…②

　　　第 1 期分の保険料＝①＋②

63　第 4 章　労働保険料の申告・納付

D　令和３年度に支払いを見込んでいた賃金総額が3,600万円から6,000万円に増加した場合、増加後の賃金総額の見込額に基づき算定した概算保険料の額と既に納付した概算保険料の額との差額を増加概算保険料として納付しなければならない。

E　令和３年度の概算保険料の納付について延納を申請し、定められた納期限に従って保険料を納付後、政府が、申告書の記載に誤りがあったとして概算保険料の額を決定し、事業主に対し、納付した概算保険料の額が政府の決定した額に足りないと令和３年８月16日に通知した場合、事業主はこの不足額を納付しなければならないが、この不足額については、その額にかかわらず、延納を申請することができない。

解答 113　C

A　×　則27条／P57　社労士24 P 25▼

　　本肢の場合、令和元年度の概算保険料は「2期」に分けて納付することが認められる。

B　×　法15条、則24条／P49　社労士24 P 21▼

　　本肢の場合、令和2年度の賃金総額の見込額（7,400万円）が、令和元年度の賃金総額（4,000万円）の100分の50以上100分の200以下であることから、令和2年度の概算保険料の額は令和元年度の賃金総額を用いて算定し、下記の通りとなる。

　　令和元年度の賃金総額（4,000万円）×1000分の15＝60万円

C　○　法15条、19条、則24条／P49・58　社労士24 P 21・25▼

　　記述の通り正しい。

D　×　法16条、則25条／P51　社労士24 P 22▼

　　本肢の場合、増加後の賃金総額の見込額（6,000万円）が、増加前の賃金総額の見込額（3,600万円）の100分の200を超えていないことから、増加概算保険料を納付する必要はない。

E　×　則29条／P58　社労士24 P 25▼

　　本肢の不足額についても、延納の要件に該当すれば、当該概算保険料の延納を申請することができる。

労働保険料の申告・納付　第4章　66

第3節　継続事業の確定保険料

問題 114　雇平2410E　☐☐☐☐☐☐☐

　平成24年3月20日締切り、翌月5日支払の月額賃金は、平成23年度保険料の算定基礎額となる賃金総額に含まれる。

問題 115　雇令0508B　⑱　☐☐☐☐☐☐☐

　小売業を継続して営んできた事業主が令和4年10月31日限りで事業を廃止した場合、確定保険料申告書を同年12月10日までに所轄都道府県労働局歳入徴収官あてに提出しなければならない。

問題 116　災令0109B　☐☐☐☐☐☐☐☐　☆

　継続事業（一括有期事業を含む。）の事業主は、保険年度の中途に労災保険法第34条第1項の承認が取り消された事業に係る第1種特別加入保険料に関して、当該承認が取り消された日から50日以内に確定保険料申告書を提出しなければならない。

問題 117　災平2309C　☐☐☐☐☐☐☐

　労災保険暫定任意適用事業の事業主は、その事業を廃止した場合に、既に納付した概算保険料の額と確定保険料の額が同一で、納付すべき確定保険料がないときは、確定保険料申告書を提出する必要はないが、保険関係消滅申請書を所轄都道府県労働局長に提出しなければならない。

問題 118　O　　　R　☐☐☐☐☐☐☐

　継続事業の事業主は、既に納付した概算保険料の額が確定保険料の額に足りない場合は、確定保険料申告書に納入告知書を添付して、当該不足する額を納付しなければならない。

第3節　継続事業の確定保険料

解答 114　○　法19条、S24.10.5基災収5178／P60　社労士24 P26▼

　　賃金総額には、その保険年度中に使用した労働者に支払うことが具体的に
確定した賃金であれば、現実に支払われていないものも含まれる。

解答 115　×　法19条／P60　社労士24 P26▼

　　継続事業について、保険年度の中途に保険関係が消滅した場合は、確定保
険料申告書を「保険関係が消滅した日から50日以内」に提出しなければなら
ない。したがって、「同年12月20日」までに、確定保険料申告書を提出しな
ければならない。

解答 116　○　法19条／P60　社労士24 P26▼

　　記述の通り正しい。

解答 117　×　法19条／P61　社労士24 P26▼

　　確定保険料申告書は、納付すべき確定保険料がない場合であっても「提出
しなければならない」。また、労災保険暫定任意適用事業の事業主が、その
事業を廃止した場合、保険関係消滅申請書の提出は不要である。

解答 118　×　法19条、則38条／P61　社労士24 P26▼

　　申告・納付による確定保険料の納付は、「納付書」によって行う。

労働保険料の申告・納付　第4章　68

問題 119 災令0408C □□□□□□□

二以上の有期事業が一括されて一の事業として労働保険徴収法の規定が適用される事業の事業主は、確定保険料申告書を提出する際に、前年度中又は保険関係が消滅した日までに終了又は廃止したそれぞれの事業の明細を記した一括有期事業報告書を所轄都道府県労働局歳入徴収官に提出しなければならない。

問題 120 雇平2410A □□□□□□□

一括された個々の有期事業であって保険年度の末日において終了していないものは、その保険年度の確定保険料の対象から除外し、次年度の概算保険料の対象とする。

問題 121 雇平2410D □□□□□□□

継続事業の事業主が納付した労働保険料の額が、確定保険料の額を超える場合において還付請求が行われないとき、所轄都道府県労働局歳入徴収官は、法令の定めるところにより、その超える額を次の保険年度の概算保険料又は未納の労働保険料等に充当する。

問題 122 災令0109C □□□□□□□

事業主は、既に納付した概算保険料の額のうち確定保険料の額を超える額（超過額）の還付を請求できるが、その際、労働保険料還付請求書を所轄都道府県労働局歳入徴収官に提出しなければならない。

問題 123 災令0109E □□□□□□□

事業主が提出した確定保険料申告書の記載に誤りがあり、労働保険料の額が不足していた場合、所轄都道府県労働局歳入徴収官は労働保険料の額を決定し、これを事業主に通知する。このとき事業主は、通知を受けた日の翌日から起算して30日以内にその不足額を納付しなければならない。

69 第4章 労働保険料の申告・納付

解答 119 ○ 則34条／P62 社労士24 P26▼

記述の通り正しい。

解答 120 ○ 法7条、S40.7.31基発901／P62 社労士24 P26▼

記述の通り正しい。

解答 121 ○ 則36条、37条／P62 社労士24 P26▼

記述の通り正しい。

解答 122 × 則36条／P62 社労士24 P26▼

本肢の労働保険料還付請求書は、「官署支出官又は所轄都道府県労働局資金前渡官吏」に提出することによって行わなければならない。

解答 123 × 法19条／P63 社労士24 P27▼

本肢の場合、通知を受けた日から「15日以内」に納入告知書によって納付しなければならない。

労働保険料の申告・納付 第4章 70

問題 124　災令0408 B　　□□□□□□□ ☆

　概算保険料を納付した事業主が、所定の納期限までに確定保険料申告書を提出しなかったとき、所轄都道府県労働局歳入徴収官は当該事業主が申告すべき正しい確定保険料の額を決定し、これを事業主に通知することとされているが、既に納付した概算保険料の額が所轄都道府県労働局歳入徴収官によって決定された確定保険料の額を超えるとき、当該事業主はその通知を受けた日の翌日から起算して10日以内に労働保険料還付請求書を提出することによって、その超える額の還付を請求することができる。

問題 125　雇平2610 A　　□□□□□□□

　事業主が、所定の期限までに概算保険料申告書を提出しなかったことにより、所轄都道府県労働局歳入徴収官より納付すべき労働保険料の額の通知を受けたときは、当該事業主は、通知された労働保険料の額及び当該保険料の額（その額に1,000円未満の端数があるときは、その端数は切り捨てる。）に100分の10を乗じて得た額の追徴金を納付しなければならない。

問題 126　雇平2610 B　　□□□□□□□

　事業主が、提出した確定保険料申告書に記載の誤りがあり、所轄都道府県労働局歳入徴収官より納付すべき労働保険料の額の通知を受けたときは、当該事業主は、納付した概算保険料の額が、当該通知を受けた額に足りないときは、その不足額（その額に1,000円未満の端数があるときは、その端数は切り捨てる。）に100分の10を乗じて得た額の追徴金を納付しなければならない。ただし、法令の不知、営業の不振等やむを得ない理由による場合は、追徴金を徴収しないこととされている。

解答 124　○　則36条／P64　社労士24P－▼

記述の通り正しい。

解答 125　×　法21条／P65　社労士24P28▼

「概算保険料」の認定決定が行われた場合には、「追徴金は課せられない」。

解答 126　×　法21条、H15.3.31基発0331002／P65　社労士24P28▼

法令の不知、営業の不振等は、追徴金が徴収されないことになる天災その他やむを得ない理由に該当しないので、本肢の場合、「追徴金が徴収される」。

問題 127 災令0408 D　□□□□□□□

　　事業主が所定の納期限までに確定保険料申告書を提出したが、当該事業主が法令の改正を知らなかったことによりその申告書の記載に誤りが生じていると認められるとき、所轄都道府県労働局歳入徴収官が正しい確定保険料の額を決定し、その不足額が1,000円以上である場合には、労働保険徴収法第21条に規定する追徴金が徴収される。

第4節　継続事業のメリット制

問題 128 災令0409 B　□□□□□□□　☆

　　有期事業の一括の適用を受けている建築物の解体の事業であって、その事業の当該保険年度の確定保険料の額が40万円未満のとき、その事業の請負金額（消費税等相当額を除く。）が1億1,000万円以上であれば、労災保険のいわゆるメリット制の適用対象となる場合がある。

問題 129 災平2510 E　□□□□□□□

　　継続事業に対する労働保険徴収法第12条による労災保険率は、メリット制適用要件に該当する事業のいわゆるメリット収支率が100％を超え、又は75％以下である場合に、厚生労働大臣は一定の範囲内で、当該事業のメリット制適用年度における労災保険率を引き上げ又は引き下げることができる。

問題 130 災平2510 A　□□□□□□□

　　特別支給金規則に定める特別支給金は、業務災害に係るものであっても全て、メリット収支率の算出においてその計算に含めない。

問題 131 O　　　　R　□□□□□□□

　　継続事業のメリット制における収支率を算定する場合は、第二種調整率を用いる。

73　第4章　労働保険料の申告・納付

解答 127　○　法21条、S56.9.25労徴発68／P65　社労士24P28▼

　　なお、所轄都道府県労働局歳入徴収官は、通知を発する日から起算して30日を経過した日を納期限と定め、納入告知書により、追徴金の額及び納期限を通知する。

第4節　継続事業のメリット制

解答 128　×　則17条／P67　社労士24P29▼

　　有期事業の一括の適用を受けている建設の事業にあっては、その事業の当該保険年度の確定保険料の額が「40万円以上」であるときに、メリット制の適用対象となる。

解答 129　×　法12条／P68　社労士24P29▼

　　メリット収支率が「85％を超え、又は75％以下」である場合に、メリット制が適用される。

解答 130　×　法12条／P68　社労士24P30▼

　　業務災害に係る特別支給金は、メリット収支率の算出において、第三種特別加入者に係る特別支給金等一定のものを除き、その計算に含まれる。

解答 131　×　法12条／P68　社労士24P30▼

　　継続事業のメリット制において収支率を算定する場合に用いるのは、「第一種調整率」である。

労働保険料の申告・納付　第4章　74

問題 132　O　　　R　　　□□□□□□□□

　　メリット収支率を算定する基礎となる保険給付の額には、複数事業労働者に係る業務災害に関する保険給付のすべての額が含まれる。

問題 133　災平2510D　　　□□□□□□□□

　　メリット収支率を算定する基礎となる保険給付の額には、特定の業務に長期間従事することによって発生する疾病であって労働保険徴収法施行規則で定めるものにかかった者に係る保険給付の額は除くこととされているが、同規則で定める疾病には、建設の事業にあっては、粉じんを飛散する場所における業務によるじん肺症、石綿にさらされる業務による肺がんが含まれる。

解答 132 × 法12条、則18条／P68 社労士24 P30▼

　複数事業労働者に係る業務災害に関する保険給付の額のうち、非災害発生事業場における賃金額に係るものは、メリット収支率の算定の基礎から除かれる。

解答 133 ○ 法12条、則17条の2／P68 社労士24 P30▼

　記述の通り正しい。

問題 134　災令0209　□□□□□□□

　労働保険徴収法第12条第３項に定める継続事業のいわゆるメリット制に関する次の記述のうち、誤っているものはどれか。

A　メリット制においては、個々の事業の災害率の高低等に応じ、事業の種類ごとに定められた労災保険率を一定の範囲内で引き上げ又は引き下げた率を労災保険率とするが、雇用保険率についてはそのような引上げや引下げは行われない。

B　労災保険率をメリット制によって引き上げ又は引き下げた率は、当該事業についての基準日の属する保険年度の次の次の保険年度の労災保険率となる。

C　メリット収支率の算定基礎に、労災保険特別支給金支給規則の規定による特別支給金で業務災害に係るものは含める。

D　令和元年７月１日に労災保険に係る保険関係が成立した事業のメリット収支率は、令和元年度から令和３年度までの３保険年度の収支率で算定される。

E　継続事業の一括を行った場合には、労働保険徴収法第12条第３項に規定する労災保険に係る保険関係の成立期間は、一括の認可の時期に関係なく、一の事業として指定された事業の労災保険に係る保険関係成立の日から起算し、指定された事業以外の事業については保険関係が消滅するので、これに係る一括前の保険料及び一括前の災害に係る給付は、指定事業のメリット収支率の算定基礎に算入しない。

解答 134　D

A　○　法12条／P66　社労士24 P 29▼
　　記述の通り正しい。

B　○　法12条／P70　社労士24 P 30▼
　　記述の通り正しい。

C　○　法12条／P68　社労士24 P 30▼
　　記述の通り正しい。

D　×　法12条／P68・66　社労士24 P 29▼
　　メリット制の適用は、毎年３月31日において、労災保険に係る保険関
　係が成立した後３年以上経過している事業であることが必要であるが、
　令和元年７月１日に労災保険に係る保険関係が成立し、その後３年以上
　経過した最初の３月31日は令和５年３月31日となるので、本肢の場合の
　メリット収支率は、「令和２年度から令和４年度まで」の３保険年度の
　収支率で算定される。

E　○　法12条／P －　社労士24 P －▼
　　記述の通り正しい。

労働保険料の申告・納付　第４章　78

問題 135 O   R   □□□□□□□ ☆

　継続事業のメリット制が適用され、所定の数以下の労働者を使用する事業の事業主が、労働保険徴収法第12条の2に規定するメリット制の特例の適用を受けようとする場合は、連続する5保険年度中のいずれかの保険年度において、労働者の安全又は衛生を確保するための所定の措置を講じ、かつ、所定の期間内に当該措置が講じられたことを明らかにすることができる書類を添えて、労災保険率特例適用申告書を提出していることが必要である。

問題 136 O   R   □□□□□□□

　継続事業のメリット制において、中小企業に係る特例メリット制の適用を受けた場合、その事業の労災保険率から非業務災害率を減じた率を100分の50の範囲内で上下させた率に非業務災害率を加えた率が、当該継続事業の労災保険率となる。

第5節　有期事業の概算保険料

問題 137 O   R   □□□□□□□

　建設の有期事業を行う事業主は、当該事業に係る労災保険の保険関係が成立した場合には、その成立した日から50日以内に、概算保険料を概算保険料申告書に添えて、申告・納付しなければならない。

解答 135　×　法12条の２／P71　社労士24 P31▼

　本肢については、「連続する５保険年度中」ではなく「連続する３保険年度中」である。

> **+α**
> ・本肢の「所定の数以下の労働者を使用する事業の事業主」とは、「常時300人（金融業若しくは保険業、不動産業又は小売業を主たる事業とする事業主については50人、卸売業又はサービス業を主たる事業とする事業主については100人）以下の労働者を使用する事業主」をいう。
> ・本肢の「労災保険率特例適用申告書」の届出期限は、「当該措置が講じられた保険年度のいずれかの保険年度の次の保険年度の初日から６か月以内」である。

解答 136　×　法12条の２、則20条の６、別表３の３／P71　社労士24 P31▼

　「100分の50」ではなく「100分の45」である。

第５節　有期事業の概算保険料

解答 137　×　法15条／P73　社労士24 P32▼

　本肢については、「50日以内」ではなく「20日以内」である。

労働保険料の申告・納付　第４章　80

問題 138　災平2308Ａ　□□□□□□□☆

継続事業の事業主は、労働者数の増加等により、概算保険料の算定に用いる賃金総額の見込額が、既に納付した概算保険料の算定基礎とした賃金総額の見込額に比べて増加することとなり、増加概算保険料の納付の要件に該当するに至った場合は、当該賃金総額の増加が見込まれた日から30日以内に増加概算保険料の申告・納付を行なわなければならないが、有期事業の事業主の場合であっても、申告・納付の期限は同じである。

81　第4章　労働保険料の申告・納付

解答 138 ○ 法16条／P73・52 社労士24P22・32▼

　増加概算保険料の申告・納付の期限は、継続事業であると有期事業であるとを問わず同じである。

第6節　有期事業の概算保険料の延納

問題 139　災令0309　　□□□□□□□

　労働保険の保険料の徴収等に関する次の記述のうち、誤っているものはどれか。なお、本問における「概算保険料申告書」とは、労働保険徴収法第15条第１項及び第２項の申告書をいう。

A　事業主が概算保険料を納付する場合には、当該概算保険料を、その労働保険料の額その他厚生労働省令で定める事項を記載した概算保険料申告書に添えて、納入告知書に係るものを除き納付書によって納付しなければならない。

B　有期事業（一括有期事業を除く。）の事業主は、概算保険料を、当該事業を開始した日の翌日から起算して20日以内に納付しなければならないが、当該事業の全期間が200日であり概算保険料の額が80万円の場合には、概算保険料申告書を提出する際に延納の申請をすることにより、当該概算保険料を分割納付することができる。

C　労働保険徴収法第16条の厚生労働省令で定める要件に該当するときは、既に納付した概算保険料と増加を見込んだ賃金総額の見込額に基づいて算定した概算保険料との差額（以下「増加概算保険料」という。）を、その額その他厚生労働省令で定める事項を記載した申告書に添えて納付しなければならないが、当該申告書の記載事項は増加概算保険料を除き概算保険料申告書と同一である。

D　概算保険料の納付は事業主による申告納付方式がとられているが、事業主が所定の期限までに概算保険料申告書を提出しないとき、又はその申告書の記載に誤りがあると認めるときは、都道府県労働局歳入徴収官が労働保険料の額を決定し、これを事業主に通知する。

E　事業主の納付した概算保険料の額が、労働保険徴収法第15条第３項の規定により政府の決定した概算保険料の額に足りないとき、事業主はその不足額を同項の規定による通知を受けた日の翌日から起算して15日以内に納付しなければならない。

83　第4章　労働保険料の申告・納付

第6節　有期事業の概算保険料の延納

解答 139　C

A　○　法15条、則38条／P50　社労士24 P21▼
記述の通り正しい。

B　○　法3条、15条、則28条／P74　社労士24 P33▼
記述の通り正しい。

+α　【有期事業の延納】
①納付すべき概算保険料の額が75万円以上のもの又は②当該事業に係る労働保険事務の処理が労働保険事務組合に委託されているもの（事業の全期間が6月以内のものを除く。）についての事業主は、延納の申請をした場合、その概算保険料をその事業の全期間を通じ一定の期に分けて納付することができる。

C　×　法16条、則25条／P61　社労士24 P22▼
増加概算保険料申告書の記載事項は、増加概算保険料の他に「保険料算定基礎額の見込額が増加した年月日」等も規定されているため、概算保険料申告書と同一ではない。

D　○　法15条／P53　社労士24 P23▼
記述の通り正しい。

E　○　法15条／P54　社労士24 P23▼
記述の通り正しい。

労働保険料の申告・納付　第4章　84

問題 140　雇平2709 E　　☐☐☐☐☐☐☐

概算保険料について延納が認められている有期事業（一括有期事業を除く。）の事業主の４月１日から７月31日までの期分の概算保険料の納期限は、労働保険事務組合に労働保険事務の処理を委託している場合であっても、３月31日とされている。

問題 141　雇令0508 E　新　☐☐☐☐☐☐☐

令和４年５月１日から令和６年２月28日までの期間で道路工事を行う事業について、事業主が納付すべき概算保険料の額が120万円であったとき、延納の申請により第１期に納付すべき概算保険料の額は24万円とされる。

問題 142　雇令0208 B　　☐☐☐☐☐☐☐

概算保険料について延納できる要件を満たす有期事業（一括有期事業を除く。）の事業主が、６月１日に保険関係が成立した事業について保険料の延納を希望する場合、11月30日までが第１期となり、最初の期分の納付期限は６月21日となる。

第７節　有期事業の確定保険料

問題 143　O　　　R　　☐☐☐☐☐☐☐

建設の有期事業を行う事業主は、当該事業に係る労災保険の保険関係が消滅した場合であって、納付した概算保険料の額が確定保険料の額として申告した額に足りないときは、当該保険関係が消滅した日から起算して20日以内にその不足額を、確定保険料申告書に添えて、申告・納付しなければならない。

解答 140 ○ 則28条／P74 社労士24 P33▼

　概算保険料について延納が認められている有期事業（一括有期事業を除く。）は、労働保険事務組合に事務処理委託する場合でも、納付期限は延長されない。

解答 141 × 則28条／P75・74 社労士24 P33▼

　本肢の場合、6回の延納が認められ、延納の申請により第1期に納付すべき概算保険料の額は「20万円」である。

解答 142 ○ 則28条／P75・74 社労士24 P33▼

　保険関係成立の日からその日の属する期の末日までの期間が2か月以内のときは、保険関係成立の日からその日の属する期の次の期の末日までを最初の期とするので、本肢の事業が延納する場合の最初の期は、6月1日から11月30日までとなり、当該最初の期分の納期限は、保険関係成立の日の翌日から起算して20日目である6月21日となる。

第7節　有期事業の確定保険料

解答 143 × 法19条／P76 社労士24 P34▼

　建設の有期事業を行う事業主は、当該事業に係る労災保険の保険関係が消滅した場合であって、納付した概算保険料の額が確定保険料の額として申告した額に足りないときは、当該保険関係が消滅した日から起算して「50日以内」にその不足額を、確定保険料申告書に添えて、申告・納付しなければならない。

労働保険料の申告・納付　第4章　86

第8節　有期事業のメリット制

問題 144 O　　　R　□□□□□□□ ☆

建設における有期事業（一括有期事業であるものを除く。）でメリット制の適用を受けることとなるのは、確定保険料の額が40万円以上であって、かつ、請負金額が1億1,000万円以上の場合に限られる。

問題 145 災平2210C　□□□□□□□ ☆

労働保険徴収法第20条に規定する有期事業のメリット制の適用により、確定保険料の額を引き上げた場合には、所轄都道府県労働局歳入徴収官は、当該引き上げられた確定保険料の額と当該事業主が既に申告・納付した確定保険料の額との差額を徴収するものとし、通知を発する日から起算して30日を経過した日を納期限と定め、当該納期限、納付すべき当該差額及びその算定の基礎となる事項を事業主に通知しなければならない。

問題 146 災平2210D　□□□□□□□ ☆

労働保険徴収法第20条に規定する有期事業のメリット制の適用により、確定保険料の額を引き下げた場合には、所轄都道府県労働局歳入徴収官は、当該引き下げられた確定保険料の額を事業主に通知するが、この場合、当該事業主が既に申告・納付した確定保険料の額と当該引き下げられた額との差額の還付を受けるためには、当該通知を受けた日の翌日から起算して10日以内に、官署支出官又は所轄都道府県労働局資金前渡官吏に労働保険料還付請求書を提出する必要がある。

87　第4章　労働保険料の申告・納付

第8節　有期事業のメリット制

解答 144　×　　法20条、則35条／P77　社労士24 P35▼

　建設における有期事業でメリット制の適用を受けることとなるのは、確定保険料の額が40万円以上であるか、「又は」、請負金額が1億1,000万円以上の場合である。

解答 145　○　　法20条、則26条／P78　社労士24 P35▼

　なお、本肢の通知は、納入告知書によって行わなければならないものとされる。

解答 146　○　　則36条／P79　社労士24 P35▼

　本肢の還付の請求がない場合には、所轄都道府県労働局歳入徴収官は、その差額を次年度の概算保険料若しくは未納の労働保険料又は未納の一般拠出金等に充当するものとされ、充当したときは、その旨を事業主に通知しなければならない。

労働保険料の申告・納付　第4章　88

問題 147 災令0409D □□□□□□□□ ☆

　労働保険徴収法第20条に規定する確定保険料の特例の適用により、確定保険料の額が引き下げられた場合、その引き下げられた額と当該確定保険料の額との差額について事業主から所定の期限内に還付の請求があった場合においても、当該事業主から徴収すべき未納の労働保険料その他の徴収金（石綿による健康被害の救済に関する法律第35条第1項の規定により徴収する一般拠出金を含む。）があるときには、所轄都道府県労働局歳入徴収官は当該差額をこの未納の労働保険料等に充当するものとされている。

第9節　労働保険料の申告等

問題 148 災令0109D □□□□□□□

　事業主は、既に納付した概算保険料の額と確定保険料の額が同一であり過不足がないときは、確定保険料申告書を所轄都道府県労働局歳入徴収官に提出するに当たって、日本銀行（本店、支店、代理店及び歳入代理店をいう。）、年金事務所（日本年金機構法第29条の年金事務所をいう。）又は労働基準監督署を経由して提出できる。

問題 149 災令0408E □□□□□□□□ ☆

　労働保険料の納付を口座振替により金融機関に委託して行っている社会保険適用事業所（厚生年金保険又は健康保険法による健康保険の適用事業所）の事業主は、労働保険徴収法第19条第3項の規定により納付すべき労働保険料がある場合、有期事業以外の事業についての一般保険料に係る確定保険料申告書を提出するとき、年金事務所を経由して所轄都道府県労働局歳入徴収官に提出することができる。

解答 147 × 則36条／P79 社労士24P35▼

　還付請求があった場合は還付が行われ、還付請求がなかった場合は充当が行われる。

第9節　労働保険料の申告等

解答 148 × 則38条／P82 社労士24P36▼

　日本銀行（本店、支店、代理店及び歳入代理店をいう。）については、納付すべき労働保険料がない場合は経由できない。

解答 149 × 則38条／P83 社労士24P36▼

　口座振替により納付する場合の確定保険料申告書は、「年金事務所」を経由して提出することはできない。

労働保険料の申告・納付　第4章　90

問題 150　災平2308E　☐☐☐☐☐☐☐☐ ☆

　　増加概算保険料申告書は所轄都道府県労働局歳入徴収官に提出しなければならないとされているが、一定の区分に従い、日本銀行（本店、支店、代理店及び歳入代理店をいう。）、年金事務所（日本年金機構法第29条の年金事務所をいう。）又は労働基準監督署を経由して行うことができる。

問題 151　雇平2408B　☐☐☐☐☐☐☐

　　いわゆる認定決定された概算保険料の納付については、口座振替による納付の対象とならない。

問題 152　災平2709E　☐☐☐☐☐☐☐

　　労働保険徴収法第21条の2の規定に基づく口座振替による納付の承認を受けている建設の事業を行う事業主が、建設の有期事業で、納期限までに確定保険料申告書を提出しないことにより、所轄都道府県労働局歳入徴収官が労働保険料の額を決定し、これを事業主に通知した場合において、既に納付した概算保険料の額が当該決定された確定保険料の額に足りないときは、その不足額を口座振替により納付することができる。

解答 150　×　　則38条／P83　社労士24 P36▼

　増加概算保険料申告書については、「年金事務所」を経由することはできない。

解答 151　○　　則38条の4／P84・83　社労士24 P37▼

　記述の通り正しい。

解答 152　×　　則38条の4／P84・83　社労士24 P37▼

　確定保険料の認定決定に係る不足額は、口座振替により納付することができない。

問題 153 O   R   □ □ □ □ □ □ □

労働保険料（印紙保険料、特例納付保険料を除く。以下本問において同じ。）の口座振替に関する次の記述のうち、正しいものはどれか。

A 口座振替により納付することができる労働保険料は、納付書により行われる概算保険料（延納する場合を除く。）と確定保険料である。

B 口座振替による労働保険料の納付が承認された事業主は、概算保険料申告書及び確定保険料申告書を所轄都道府県労働局歳入徴収官に提出するが、この場合には労働基準監督署を経由して提出することはできない。

C 労働保険徴収法第16条の規定による増加概算保険料の納付については、口座振替による納付の対象となる。

D 労働保険料の口座振替の承認は、労働保険料の納付が確実と認められれば、法律上、必ず行われることとなっている。

E 労働保険料の追徴金の納付については、口座振替による納付の対象とならない。

問題 154 雇令0308C   □ □ □ □ □ □ □

政府は、事業主から、特例納付保険料の納付をその預金口座又は貯金口座のある金融機関に委託して行うことを希望する旨の申出があった場合には、その納付が確実と認められ、かつ、その申出を承認することが労働保険料の徴収上有利と認められるときに限り、その申出を承認することができる。

問題 155 雇令0209A   □ □ □ □ □ □ □ ☆

事業主は、概算保険料及び確定保険料の納付を口座振替によって行うことを希望する場合、労働保険徴収法施行規則に定める事項を記載した書面を所轄都道府県労働局歳入徴収官に提出することによって、その申出を行わなければならない。

解答 153　E

A　×　則38条の4／P84・83　社労士24 P 37▼
　　納付書により行われる概算保険料（延納する場合を「含む」。）と確定
保険料は、口座振替により納付することができる。

B　×　則38条／P82　社労士24 P −▼
　　本肢の場合は、労働基準監督署を経由して提出することができる。

C　×　則38条の4／P84・83　社労士24 P 37▼
　　増加概算保険料の納付は、口座振替による納付の対象とならない。

D　×　法21条の2／P83　社労士24 P 37▼
　　政府は、納付が確実と認められ、「かつ、その申出を承認することが
労働保険料の徴収上有利と認められる」ときに限り、その申出を承認す
ることができる。

E　○　則38条の4／P84・83　社労士24 P 37▼
　　記述の通り正しい。

解答 154　×　則38条の4／P84　社労士24 P 37▼

特例納付保険料の納付は、口座振替により納付することができない。

解答 155　○　則38条の2／P84　社労士24 P −▼

記述の通り正しい。

労働保険料の申告・納付　第4章　94

第10節　印紙保険料

問題 156　雇平2409 B　□□□□□□□

　　印紙保険料の納付は、日雇労働被保険者に交付された日雇労働被保険者手帳に雇用保険印紙をはり、これに消印して行い、又は、あらかじめ所轄都道府県労働局歳入徴収官の承認を受けて、納入告知書に当該印紙保険料額を添えて直接金融機関に納付することによって行うことができる。

問題 157　雇令0209 C　□□□□□□□☆

　　印紙保険料の納付は、日雇労働被保険者手帳へ雇用保険印紙を貼付して消印又は納付印の押印によって行うため、事業主は、日雇労働被保険者を使用する場合には、その者の日雇労働被保険者手帳を提出させなければならず、使用期間が終了するまで返還してはならない。

問題 158　雇令0509 C　㊟　□□□□□□□☆

　　印紙保険料納付計器を厚生労働大臣の承認を受けて設置した事業主は、使用した日雇労働被保険者に賃金を支払う都度、その使用した日の被保険者手帳における該当日欄に納付印をその使用した日数に相当する回数だけ押した後、納付すべき印紙保険料の額に相当する金額を所轄都道府県労働局歳入徴収官に納付しなければならない。

第10節　印紙保険料

解答 156　×　法23条／P85　社労士24P38▼

　印紙保険料の納付については、納入告知書に印紙保険料額を添えて直接金融機関に納付するという方法はない。

解答 157　×　法23条／P85　社労士24P－▼

　提出を受けた日雇労働被保険者手帳は、その者から請求があったときは、これを返還しなければならない。

解答 158　×　法23条、則44条／P85　社労士24P38▼

　事業主は、日雇労働被保険者を使用した場合において、印紙保険料納付計器により印紙保険料を納付するときは、その者に賃金を支払うつど、その使用した日の被保険者手帳における該当日欄に納付印をその使用した日数に相当する回数だけ押さなければならない。したがって、本肢のように「被保険者手帳における該当日欄に納付印をその使用した日数に相当する回数だけ押した後、納付すべき印紙保険料の額に相当する金額を所轄都道府県労働局歳入徴収官に納付しなければならない」ではない。

問題 159　雇令0509B　🆕　☐☐☐☐☐☐☐

　事業主は、雇用保険印紙を購入しようとするときは、あらかじめ、労働保険徴収法施行規則第42条第1項に掲げる事項を記載した申請書を所轄都道府県労働局歳入徴収官に提出して、雇用保険印紙購入通帳の交付を受けなければならない。

問題 160　O　　　R　　　☐☐☐☐☐☐☐

　雇用保険印紙購入通帳は、その交付の日から2年間に限り、その効力を有する。

問題 161　雇令0209E　　　☐☐☐☐☐☐☐

　雇用保険印紙購入通帳の有効期間の満了後引き続き雇用保険印紙を購入しようとする事業主は、当該雇用保険印紙購入通帳の有効期間が満了する日の翌日の1月前から当該期間が満了する日までの間に、当該雇用保険印紙購入通帳を添えて雇用保険印紙購入通帳更新申請書を所轄公共職業安定所長に提出して、有効期間の更新を受けなければならない。

問題 162　雇令0509D　🆕　☐☐☐☐☐☐☐

　事業主は、雇用保険印紙が変更されたときは、その変更された日から1年間、雇用保険印紙を販売する日本郵便株式会社の営業所に雇用保険印紙購入通帳を提出し、その保有する雇用保険印紙の買戻しを申し出ることができる。

問題 163　O　　　R　　　☐☐☐☐☐☐☐

　雇用保険印紙購入通帳の交付を受けている事業主は、印紙保険料納付状況報告書により、毎月における雇用保険印紙の受払状況を翌月末日までに、所轄都道府県労働局歳入徴収官に報告しなければならないが、日雇労働被保険者を一人も使用せず雇用保険印紙の受払いのない月に関しても、報告する義務がある。

97　第4章　労働保険料の申告・納付

解答 159 ×　則42条／P86　社労士24P39▼

　事業主は、雇用保険印紙を購入しようとするときは、あらかじめ、一定の事項を記載した申請書を「所轄公共職業安定所長」に提出して、雇用保険印紙購入通帳の交付を受けなければならない。

解答 160 ×　則42条／P87　社労士24P39▼

　雇用保険印紙購入通帳は、「その交付の日の属する保険年度に限り」有効である。

解答 161 ○　則42条／P87　社労士24P39▼

　記述の通り正しい。

解答 162 ×　則43条／P88　社労士24P40▼

　雇用保険印紙が変更された場合においては、その買戻しの期間は、雇用保険印紙が変更された日から「6か月間」である。

解答 163 ○　法24条／P90　社労士24P40▼

　日雇労働被保険者を1人も使用せず、印紙の受払のない月であっても、雇用保険印紙購入通帳の交付を受けている事業主については、その旨を報告する必要がある。

問題 164 雇平2610E □□□□□□□ ☆

　事業主が、行政庁の職員による実地調査等によって印紙保険料の納付を
怠っていることが判明し、正当な理由によって納付することができなかった
ことが認められた場合には、所轄都道府県労働局歳入徴収官は調査を行い、
印紙保険料の額を決定し、調査決定の上納入告知書を発することとされてい
るが、当該決定された印紙保険料の納期限は、調査決定をした日から20日以
内の休日でない日とされている。

問題 165 雇平2409C □□□□□□□

　事業主が日雇労働被保険者に対し日雇労働被保険者手帳の提出を求めない
ために、日雇労働被保険者がこれを提出せず、雇用保険印紙の貼付がなされ
なかった場合、当該事業主は追徴金を徴収されることはないが、罰則規定を
適用されることがある。

問題 166 雇平2809D □□□□□□□

　事業主は、正当な理由がないと認められるにもかかわらず、印紙保険料の
納付を怠ったときは、認定決定された印紙保険料の額（その額に1,000円未
満の端数があるときは、その端数は、切り捨てる）の100分の10に相当する
追徴金を徴収される。

問題 167 雇平2509C □□□□□□□

　事業主が印紙保険料の納付を怠ったことにより、所轄都道府県労働局歳入
徴収官が行う認定決定の通知は、納入告知書によって行われる。

解答 164 ○ H15.3.31基発0331002／P91 社労士24P－▼

記述の通り正しい。

解答 165 × 法25条、H15.3.31基発0331002／P91 社労士24P41▼

本肢の場合、事業主は、追徴金が徴収される。

解答 166 × 法25条／P92 社労士24P41▼

本肢の場合、「100分の10」ではなく「100分の25」である。

解答 167 ○ 則38条／P92 社労士24P41▼

所轄都道府県労働局歳入徴収官は、通知を発する日から起算して30日を経過した日を納期限と定め、納入告知書により、追徴金の額及び納期限を通知する。

問題 168 O   R   □□□□□□□

　事業主が印紙保険料の納付を怠った場合に、所轄都道府県労働局歳入徴収官は、その納付すべき印紙保険料の額を決定し、これを事業主に通知することとされており、事業主はその納付を、現金又は雇用保険印紙によるいずれか選択することができる。

問題 169 雇平2809 E   □□□□□□□

　印紙保険料を所轄都道府県労働局歳入徴収官が認定決定したときは、納付すべき印紙保険料については、日本銀行（本店、支店、代理店及び歳入代理店をいう。）に納付することはできず、所轄都道府県労働局収入官吏に現金で納付しなければならない。

第11節　特例納付保険料

問題 170 雇平2710 A   □□□□□□□ ☆

　特例納付保険料の対象となる事業主は、特例対象者を雇用していた事業主で、雇用保険に係る保険関係が成立していたにもかかわらず、労働保険徴収法第4条の2第1項の規定による届出をしていなかった者である。

問題 171 雇令0308 A   □□□□□□□ ☆

　雇用保険の被保険者となる労働者を雇い入れ、労働者の賃金から雇用保険料負担額を控除していたにもかかわらず、労働保険徴収法第4条の2第1項の届出を行っていなかった事業主は、納付する義務を履行していない一般保険料のうち徴収する権利が時効によって既に消滅しているものについても、特例納付保険料として納付する義務を負う。

解答 168　×　則38条／P92　社労士24P41▼

本肢の場合の納付は、「現金」によらなければならず、雇用保険印紙によって行うことはできない。

解答 169　×　則38条／P92　社労士24P41▼

本肢の場合、事業主は現金により、「日本銀行」又は所轄都道府県労働局収入官吏に納付することになる。

第11節　特例納付保険料

解答 170　○　法26条／P93　社労士24P42▼

記述の通り正しい。

解答 171　×　法26条／P93　社労士24P42▼

本肢の事業主は特例納付保険料を「納付することができる」のであって、特例納付保険料の納付を申し出た場合に納付する義務を負うことになる。

問題 172 雇平2710B □□□□□□□ ☆

　雇用保険法第7条の規定による被保険者自らに関する届出がされていなかった事実を知っていた者については、特例対象者から除かれている。

問題 173 雇平2710E □□□□□□□ ☆

　特例納付保険料の基本額は、当該特例対象者に係る被保険者の負担すべき額に相当する額がその者に支払われた賃金から控除されていたことが明らかである時期のすべての月に係る賃金が明らかである場合には、各月それぞれの賃金の額に各月それぞれに適用される雇用保険率を乗じて得た額の合計額とされている。

問題 174 O　　R □□□□□□□ ☆

　特例納付保険料は、その基本額のほか、その額に100分の25を乗じて得た額を加算したものとされている。

問題 175 雇令0308B □□□□□□□ ☆

　特例納付保険料の納付額は、労働保険徴収法第26条第1項に規定する厚生労働省令で定めるところにより算定した特例納付保険料の基本額に、当該特例納付保険料の基本額に100分の10を乗じて得た同法第21条第1項の追徴金の額を加算して求めるものとされている。

103　第4章　労働保険料の申告・納付

解答 172 ○　雇用保険法22条／P93　社労士24P－▼

　なお、特例対象者とは、以下①・②のいずれにも該当する者（①に規定する事実を知っていた者を除く。）をいう。

①その者に係る被保険者に関する届出がされていなかったこと

②厚生労働省令で定める書類に基づき、被保険者となったことの確認があった日の２年前の日より前に労働保険徴収法の規定により被保険者の負担すべき額（当該被保険者の負担すべき労働保険料の額）に相当する額がその者に支払われた賃金から控除されていたことが明らかである時期があること。

解答 173 ×　則56条／P94　社労士24P43▼

　本肢の場合、「当該賃金の合計額を当該月数で除して得た額に遡及適用対象期間の終点の雇用保険率と遡及適用対象期間の月数」を乗じて基本額を算定する。

解答 174 ×　則57条／P94　社労士24P43▼

　本肢については、「100分の25」ではなく「100分の10」である。

解答 175 ×　法26条、則57条／P94　社労士24P43▼

　特例納付保険料の納付額は、特例納付保険料の基本額に、当該特例納付保険料の基本額に100分の10を乗じて得た額を加算して求めるものとされており、「同法第21条第１項の追徴金の額が加算されるのではない」。

労働保険料の申告・納付　第４章　104

問題 176 **O**　　**R**　□□□□□□□ ☆

　厚生労働大臣による特例納付保険料の納付の勧奨を受けた事業主から当該保険料を納付する旨の申出があった場合には、都道府県労働局歳入徴収官が、通知を発する日から起算して15日を経過した日をその納期限とする納付書により、当該事業主に対し、決定された特例納付保険料の額を通知する。

問題 177 **雇令0308 E**　□□□□□□□ ☆

　所轄都道府県労働局歳入徴収官は、労働保険徴収法第26条第4項の規定に基づき、特例納付保険料を徴収しようとする場合には、通知を発する日から起算して30日を経過した日をその納期限と定め、事業主に、労働保険料の増加額及びその算定の基礎となる事項並びに納期限を通知しなければならない。

第12節　督促・滞納処分・延滞金その他

問題 178 **雇平2210 A**　□□□□□□□

　事業主が概算保険料の申告書を提出しないときは、所轄都道府県労働局歳入徴収官が認定決定をするが、当該事業主が認定決定された概算保険料を所定の納期限までに納付しない場合には、所轄都道府県労働局歳入徴収官は、当該事業主に督促状を送付し、期限を指定して納付を督促する。

解答 176　×　則59条、38条／P95　社労士24 P 43▼

　厚生労働大臣による特例納付保険料の納付の勧奨を受けた事業主から当該保険料を納付する旨の申出があった場合には、都道府県労働局歳入徴収官が、通知を発する日から起算して「30日」を経過した日をその納期限とする「納入告知書」により、当該事業主に対し、決定された特例納付保険料の額を通知する。

解答 177　×　則59条／P95　社労士24 P 43▼

　所轄都道府県労働局歳入徴収官は、労働保険徴収法第26条第 4 項の規定に基づき、特例納付保険料を徴収しようとする場合には、通知を発する日から起算して30日を経過した日をその納期限と定め、事業主に、「特例納付保険料の額」及び納期限を通知しなければならない。

第12節　督促・滞納処分・延滞金その他

解答 178　○　H22.10.1基発1001第5号／P97　社労士24 P 44▼

　記述の通り正しい。

問題 179 雇令0108 A □□□□□□□

　労働保険徴収法第27条第1項は、「労働保険料その他この法律の規定による徴収金を納付しない者があるときは、政府は、期限を指定して督促しなければならない。」と定めているが、この納付しない場合の具体的な例には、保険年度の6月1日を起算日として40日以内又は保険関係成立の日の翌日を起算日として50日以内に（延納する場合には各々定められた納期限までに）納付すべき概算保険料の完納がない場合がある。

問題 180 雇令0108 B □□□□□□□

　労働保険徴収法第27条第3項に定める「労働保険料その他この法律の規定による徴収金」には、法定納期限までに納付すべき概算保険料、法定納期限までに納付すべき確定保険料及びその確定不足額等のほか、追徴金や認定決定に係る確定保険料及び確定不足額も含まれる。

問題 181 雇令0508 A 🆕 □□□□□□□

　不動産業を継続して営んできた事業主が令和5年7月10日までに確定保険料申告書を提出しなかった場合、所轄都道府県労働局歳入徴収官が労働保険料の額を決定し、これを当該事業主に通知するとともに労働保険徴収法第27条に基づく督促が行われる。

107　第4章　労働保険料の申告・納付

解答 179 ○ H22.10.1基発1001第5号／P97 社労士24P－▼

記述の通り正しい。

解答 180 ○ H22.10.1基発1001第5号／P97 社労士24P－▼

記述の通り正しい。

+α 本肢の「労働保険料その他この法律の規定による徴収金」とは、次に
掲げるものをいう。
ア　法定納期限までに納付すべき概算保険料
イ　認定決定にかかる概算保険料
ウ　増加概算保険料
エ　保険料率の引上げに伴う概算保険料の追加納付額
オ　法定納期限までに納付すべき確定保険料及び確定不足額
カ　認定決定にかかる確定保険料及び確定不足額
キ　有期事業についてのメリット制の適用に伴う確定保険料の差額
ク　追徴金
ケ　印紙保険料
コ　認定決定にかかる印紙保険料
サ　印紙保険料にかかる追徴金
シ　特例納付保険料

解答 181 × 法19条、27条／P97 社労士24P44▼

本肢の場合、政府が認定決定をし、事業主に通知してこれを納付させるこ
とから、この場合には、督促を行うのは、この通知があってもなお法定納期
限（通知を受けた日から15日以内）までに納付しないときに限られる。

労働保険料の申告・納付 第4章 108

問題 182　雇令0308D　　□□□□□□□

　労働保険徴収法第26条第２項の規定により厚生労働大臣から特例納付保険料の納付の勧奨を受けた事業主が、特例納付保険料を納付する旨を、厚生労働省令で定めるところにより、厚生労働大臣に対して書面により申し出た場合、同法第27条の督促及び滞納処分の規定並びに同法第28条の延滞金の規定の適用を受ける。

問題 183　雇令0108C　　□□□□□□□

　労働保険徴収法第27条第２項により政府が発する督促状で指定すべき期限は、「督促状を発する日から起算して10日以上経過した日でなければならない。」とされているが、督促状に記載した指定期限経過後に督促状が交付され、又は公示送達されたとしても、その督促は無効であり、これに基づいて行った滞納処分は違法となる。

問題 184　雇令0108E　　□□□□□□□

　政府は、労働保険料の督促をしたときは、労働保険料の額につき年14.6％の割合で、督促状で指定した期限の翌日からその完納又は財産差押えの日の前日までの期間の日数により計算した延滞金を徴収する。

問題 185　O　　　R　　□□□□□□□

　所轄都道府県労働局歳入徴収官は、事業主に督促状を送付したときは、当該督促状に指定した期限までに督促に係る労働保険料その他労働保険徴収法の規定による徴収金を完納したとき等一定の場合を除き、当該督促に係る労働保険料の額に納期限の翌日からその完納又は財産差押えの日の前日までの期間の日数に応じ、当該納期限の翌日から３か月を経過する日までの期間については年7.3％、その後の期間については年14.6％の割合を乗じて計算した延滞金を徴収する。

解答 182 ○　H22.10.1基発1001第5号／P97・98　社労士24 P43▼

記述の通り正しい。

解答 183 ○　法27条／P97　社労士24 P－▼

記述の通り正しい。

解答 184 ×　法28条／P98　社労士24 P45▼

政府は、労働保険料の督促をしたときは、労働保険料の額につき年14.6％の割合で、「納期限」の翌日からその完納又は財産差押えの日の前日までの期間の日数により計算した延滞金を徴収する。

解答 185 ×　法28条／P98　社労士24 P45▼

本肢については、「3か月」ではなく「2か月」である。

問題 186　雇平2909 E　□□□□□□□

　労働保険料を納付しない者に対して、所轄都道府県労働局歳入徴収官が督促したときは、労働保険料の額に、納期限の翌日からその完納又は財産差押えの日までの期間の日数に応じ、年14.6%（当該納期限の翌日から2か月を経過する日までの期間については、年7.3%）を乗じて計算した延滞金が徴収される。

問題 187　雇平2909 C　□□□□□□□

　認定決定された確定保険料に対しては追徴金が徴収されるが、滞納した場合には、この追徴金を含めた額に対して延滞金が徴収される。

問題 188　雇令0108 D　□□□□□□□

　延滞金は、労働保険料の額が1,000円未満であるとき又は延滞金の額が100円未満であるときは、徴収されない。

解答 186 ✕ 法28条／P98 社労士24 P45▼

　その完納又は財産差押えの「日」ではなく、その完納又は財産差押えの「日の前日」が正しい。

解答 187 ✕ 法28条／P98 社労士24 P45▼

　追徴金に対して延滞金は徴収されない。

解答 188 ◯ 法28条／P99 社労士24 P45▼

　記述の通り正しい。

　+α 【延滞金が徴収されない場合】
　①　督促状に指定した期限までに労働保険料その他徴収金を完納したとき
　②　公示送達の方法により督促したとき
　③　労働保険料の額が1,000円未満のとき
　④　延滞金の額が100円未満のとき
　⑤　労働保険料について滞納処分の執行を停止し、又は猶予したとき（その執行を停止し、又は猶予した期間に対応する部分の金額に限られる。）
　⑥　労働保険料を納付しないことについてやむを得ない理由があると認められるとき

問題 189　雇平2909 D　　□□□□□□□ ☆

　労働保険料の納付義務者の住所及び居所が不明な場合は、公示送達（都道府県労働局の掲示場に掲示すること。）の方法により、督促を行うことになるが、公示送達の場合は、掲示を始めた日から起算して7日を経過した日、すなわち掲示日を含めて8日目にその送達の効力が生じるところ、その末日が休日に該当したときは延期される。

問題 190　雇平2909 B　　□□□□□□□ ☆

　労働保険料その他労働保険徴収法の規定による徴収金の先取特権の順位は、国税及び地方税に次ぐものとされているが、徴収金について差押えをしている場合は、国税の交付要求があったとしても、当該差押えに係る徴収金に優先して国税に配当しなくてもよい。

解答 189 × H15.3.31基発0331002 ／ P100 社労士24P −▼

　　公示送達の場合は、掲示を始めた日から起算して7日を経過した日、すなわち掲示日を含めて8日目にその送達の効力が生じる。その末日が休日に該当しても延期されない。

解答 190 × 法29条、S56.9.25労徴発68 ／ P101 社労士24P −▼

　　労働保険徴収法上の徴収金につき差押えをしている場合に、国税、地方税の交付要求があったときは、当該徴収金に優先して配当しなければならない。

労働保険料の申告・納付　第4章　114

第1節 労働保険事務組合とは

問題 191 災令0509C ㊟ □□□□□□□

労働保険事務組合は労働保険徴収法第33条第2項に規定する厚生労働大臣の認可を受けることによって全く新しい団体が設立されるわけではなく、既存の事業主の団体等がその事業の一環として、事業主が処理すべき労働保険事務を代理して処理するものである。

問題 192 雇平2910C □□□□□□□

労働保険事務組合の認可を受けようとする事業主の団体又はその連合団体は、事業主の団体の場合は法人でなければならないが、その連合団体の場合は代表者の定めがあれば法人でなくともよい。

問題 193 O   R □□□□□□□☆

事業主の団体又はその連合団体が労働保険事務の処理の業務を行おうとするときは、1か月前までに、労働保険事務組合認可申請書を所轄都道府県労働局長に提出しなければならない。

問題 194 雇令0109C □□□□□□□

労働保険事務組合は、定款に記載された事項に変更を生じた場合には、その変更があった日の翌日から起算して14日以内に、その旨を記載した届書を厚生労働大臣に提出しなければならない。

問題 195 O   R □□□□□□□

労働保険事務組合は、労働保険事務組合認可申請書に添付された定款の記載に変更を生じた場合には、その変更があった日の翌日から起算して30日以内に、その旨を記載した届書をその主たる事務所の所在地を管轄する都道府県労働局長に提出しなければならない。

第1節　労働保険事務組合とは

解答 191　○　H12.3.31発労徴31／P104　社労士24P47▼

記述の通り正しい。

解答 192　×　法33条／P105　社労士24P47▼

　事業主の団体の場合であっても、代表者の定めがあれば法人でなくても労働保険事務組合となることができる。

解答 193　×　則63条／P106　社労士24P47▼

本肢の申請書については、提出期限の規定はない。

解答 194　×　則65条／P106　社労士24P47▼

　本肢の届書は、「主たる事務所の所在地を管轄する都道府県労働局長」に提出しなければならない。

解答 195　×　則65条／P106　社労士24P47▼

本肢については、「30日以内」ではなく「14日以内」である。

労働保険事務組合　第5章　116

問題 196 　雇平2910 D　　□□□□□□□

　労働保険事務組合の主たる事務所の所在地を管轄する都道府県労働局長は、労働保険事務組合の認可の取消しがあったときには、その旨を、当該労働保険事務組合に係る委託事業主に対し通知しなければならない。

第2節　労働保険事務組合への委託

問題 197 　雇平2910 B　　□□□□□□□

　労働保険事務組合に労働保険事務の処理を委託することができる事業主は、継続事業（一括有期事業を含む。）のみを行っている事業主に限られる。

問題 198 　雇令0309 B　　□□□□□□□

　労働保険徴収法第33条第1項に規定する事業主の団体の構成員又はその連合団体を構成する団体の構成員である事業主以外の事業主であっても、労働保険事務の処理を委託することが必要であると認められる事業主は、労働保険事務組合に労働保険事務の処理を委託することができる。

問題 199 　災令0509 A　新　□□□□□□□

　労働保険事務組合の主たる事務所が所在する都道府県に主たる事務所を持つ事業の事業主のほか、他の都道府県に主たる事務所を持つ事業の事業主についても、当該労働保険事務組合に労働保険事務を委託することができる。

問題 200 　災令0509 E　新　□□□□□□□

　清掃業を主たる事業とする事業主は、その使用する労働者数が臨時に増加し一時的に300人を超えることとなった場合でも、常態として300人以下であれば労働保険事務の処理を労働保険事務組合に委託することができる。

117　第5章　労働保険事務組合

解答 196 ○ 則67条／P107 社労士24 P47▼

記述の通り正しい。

第2節 労働保険事務組合への委託

解答 197 × 則62条／P108 社労士24 P48▼

有期事業を行っている事業主であっても、労働保険事務組合に労働保険事務の処理を委託することができる。

解答 198 ○ H12.3.31発労徴31／P108 社労士24 P48▼

記述の通り正しい。

解答 199 ○ H12.3.31発労徴31／P108 社労士24 P48▼

記述の通り正しい。

解答 200 ○ H12.3.31発労徴31／P108 社労士24 P－▼

記述の通り正しい。

労働保険事務組合 第5章 118

問題 201 雇令0109 D □□□□□□□

　労働保険事務組合は、団体の構成員又は連合団体を構成する団体の構成員である事業主その他厚生労働省令で定める事業主（厚生労働省令で定める数を超える数の労働者を使用する事業主を除く。）の委託を受けて、労災保険の保険給付に関する請求の事務を行うことができる。

問題 202 雇令0309 C □□□□□□□

　保険給付に関する請求書等の事務手続及びその代行、雇用保険二事業に係る事務手続及びその代行、印紙保険料に関する事項などは、事業主が労働保険事務組合に処理を委託できる労働保険事務の範囲に含まれない。

問題 203 雇令0309 E □□□□□□□

　労働保険事務組合は、労働保険事務の処理の委託があったときは、委託を受けた日の翌日から起算して14日以内に、労働保険徴収法施行規則第64条に定める事項を記載した届書を、その主たる事務所の所在地を管轄する都道府県労働局長に提出しなければならない。

119　第5章　労働保険事務組合

解答 201 × 法33条／P109 社労士24 P48▼

　労働保険事務組合は、委託を受けて、労災保険の保険給付に関する請求の事務を行うことはできない。

解答 202 ○ 法33条／P109 社労士24 P48▼

　記述の通り正しい。

+α 【委託事務の範囲】
・保険料の申告納付→委託○
・保険関係成立届、任意加入の申請、事業所設置届の提出→委託○
・労災の特別加入の申請→委託○
・雇用保険被保険者の届出→委託○
・印紙保険料の納付→委託×
・保険給付→委託×
・雇用二事業→委託×

解答 203 × 則64条／P109 社労士24 P48▼

　本肢の「委託を受けた日の翌日から起算して14日以内」について、正しくは「遅滞なく」である。

労働保険事務組合　第5章　120

問題 204　雇令0109 B　　□ □ □ □ □ □ □

　　労働保険事務組合は、労災保険に係る保険関係が成立している二元適用事業の事業主から労働保険事務の処理に係る委託があったときは、労働保険徴収法施行規則第64条に掲げられている事項を記載した届書を、所轄労働基準監督署長又は所轄公共職業安定所長を経由して都道府県労働局長に提出しなければならない。

問題 205　雇令0309 D　　□ □ □ □ □ □ □ □ ☆

　　労働保険事務組合に労働保険事務の処理を委託している事業場の所在地を管轄する行政庁が、当該労働保険事務組合の主たる事務所の所在地を管轄する行政庁と異なる場合、当該事業場についての一般保険料の徴収は、労働保険事務組合の主たる事務所の所在地の都道府県労働局歳入徴収官が行う。

第3節　労働保険事務組合の責任等

問題 206　雇平2508 D　　□ □ □ □ □ □ □

　　労働保険徴収法第19条第4項の規定により委託事業主に対してする認定決定の通知が労働保険事務組合に対してなされた場合、その通知の効果については、当該労働保険事務組合と当該委託事業主との間の委託契約の内容によっては当該委託事業主に及ばないことがある。なお、「委託事業主」とは、労働保険事務組合に労働保険事務の処理を委託した事業主をいう。

解答 204　×　則64条、78条／P109　社労士24P一▼

本肢の場合、所轄公共職業安定所長を経由することはできない。

+α　【委託等の届出】

労働保険事務組合は、事業主から当該事務組合への委託又は委託の解除があったときは、遅滞なく、一定の事項を記載した届書を、その主たる事務所の所在地を管轄する都道府県労働局長に提出しなければならない。

※上記の届書の提出は、その主たる事務所の所在地を管轄する公共職業安定所長（労働保険事務組合であって、事業主から処理を委託される労働保険事務が労災二元適用事業等のみに係るものが行う届書の提出のうち労災二元適用事業等に係るものにあっては、その主たる事務所の所在地を管轄する労働基準監督署長）を経由して行うものとする。

解答 205　○　則69条／P110　社労士24P48▼

記述の通り正しい。

第3節　労働保険事務組合の責任等

解答 206　×　法34条／P111　社労士24P49▼

政府から直接労働保険事務組合に対し行われた通知等は、当該労働保険事務組合と委託事業主との間の委託契約内容にかかわらず、法律上当然に、委託事業主に対してなされたものとみなされる。

問題 207　雇平2508 C　□□□□□□□

　労働保険料の納付義務者である委託事業主に係る督促状を労働保険事務組合が受けたが、当該労働保険事務組合が当該委託事業主に対して督促があった旨の通知をしないため、当該委託事業主が督促状の指定期限までに納付できず、延滞金を徴収される場合、当該委託事業主のみが延滞金の納付の責任を負う。なお、「委託事業主」とは、労働保険事務組合に労働保険事務の処理を委託した事業主をいう。

問題 208　災令0509 D　🆕　□□□□□□□

　労働保険事務組合事務処理規約に規定する期限までに、確定保険料申告書を作成するための事実を事業主が報告したにもかかわらず、労働保険事務組合が労働保険徴収法の定める申告期限までに確定保険料申告書を提出しなかったため、所轄都道府県労働局歳入徴収官が確定保険料の額を認定決定し、追徴金を徴収することとした場合、当該事業主が当該追徴金を納付するための金銭を当該労働保険事務組合に交付しなかったときは、当該労働保険事務組合は政府に対して当該追徴金の納付責任を負うことはない。

問題 209　雇平2910 E　□□□□□□□

　委託事業主が労働保険料その他の徴収金の納付のため金銭を労働保険事務組合に交付したときは、当該委託事業主は当該徴収金を納付したものとみなされるので、当該労働保険事務組合が交付を受けた当該徴収金について滞納があり滞納処分をしてもなお徴収すべき残余がある場合においても、当該委託事業主は、当該徴収金に係る残余の額を徴収されることはない。

123　第5章　労働保険事務組合

解答 207　×　法35条／P 111　社労士24 P 49▼

　　本肢の場合、労働保険事務組合の責めに帰すべき理由があるため、その限度で、当該労働保険事務組合は、政府に対して延滞金の納付の責任を負う。

解答 208　×　H12.3.31発労徴31／P 111　社労士24 P −▼

　　本肢の場合、労働保険事務組合は政府に対して当該追徴金の納付責任を負うことになる。

解答 209　×　法35条／P 112　社労士24 P 49▼

　　本肢の場合、当該委託事業主は、当該徴収金に係る残余の額について納付責任を負う。

労働保険事務組合　第5章　124

問題 210　雇平2508 E　□□□□□□□

　政府は、委託事業主に使用されている者又は使用されていた者が、雇用保険の失業等給付を不正に受給した場合に、それが労働保険事務組合の虚偽の届出、報告又は証明によるものであっても、当該委託事業主に対し、不正に受給した者と当該委託事業主が連帯して、失業等給付の返還又は納付を命ぜられた金額の納付をすることを命ずることとなり、当該労働保険事務組合に対してはその返還等を命ずることはできない。なお、「委託事業主」とは、労働保険事務組合に労働保険事務の処理を委託した事業主をいう。

問題 211　雇令0309 A　□□□□□□□☆

　労働保険事務組合は、雇用保険に係る保険関係が成立している事業にあっては、労働保険事務の処理の委託をしている事業主ごとに雇用保険被保険者関係届出事務等処理簿を事務所に備えておかなければならない。

解答 210 × 法35条／P112 社労士24 P49▼

　本肢の場合、政府は労働保険事務組合に対して不正受給者と連帯して、失業等給付の返還等を命ずることができる。

解答 211 ○ 則68条／P113 社労士24 P49▼

　記述の通り正しい。

問題 212　雇平3010　□□□□□□□　☆

労働保険料に係る報奨金に関する次の記述のうち、正しいものはどれか。

A　労働保険事務組合が、政府から、労働保険料に係る報奨金の交付を受けるには、前年度の労働保険料（当該労働保険料に係る追徴金を含み延滞金を除く。）について、国税滞納処分の例による処分を受けたことがないことがその要件とされている。

B　労働保険事務組合は、その納付すべき労働保険料を完納していた場合に限り、政府から、労働保険料に係る報奨金の交付を受けることができる。

C　労働保険料に係る報奨金の交付要件である労働保険事務組合が委託を受けて労働保険料を納付する事業主とは、常時15人以下の労働者を使用する事業の事業主のことをいうが、この「常時15人」か否かの判断は、事業主単位ではなく、事業単位（一括された事業については、一括後の事業単位）で行う。

D　労働保険料に係る報奨金の交付を受けようとする労働保険事務組合は、労働保険事務組合報奨金交付申請書を、所轄公共職業安定所長に提出しなければならない。

E　労働保険料に係る報奨金の額は、現在、労働保険事務組合ごとに、２千万円以下の額とされている。

問題 213　O　　　R　□□□□□□□　☆

労働保険事務組合は、報奨金の交付を受けようとするときは、９月15日までに所定の事項を記載した申請書を、その主たる事務所の所在地を管轄する都道府県労働局長に提出しなければならない。

解答 212　C

A　×　報奨金令1条／P113　社労士24P50▼

　　本肢については、「前年度の労働保険料（当該労働保険料に係る追徴
金を含み延滞金を除く。）」ではなく「前年度の労働保険料（当該労働保
険料に係る追徴金及び「延滞金を含む」。）」である。

B　×　報奨金令1条／P113　社労士24P50▼

　　労働保険事務組合は、その確定保険料の額の合計額の「100分の95以
上の額」が納付されている等一定の要件に該当した場合、政府から労働
保険料に係る報奨金の交付を受けることができる。

C　○　労働保険事務組合報奨金交付要領／P113　社労士24P－▼

　　記述の通り正しい。

D　×　報奨金則2条／P114　社労士24P50▼

　　労働保険事務組合は、報奨金の交付を受けようとするときは、所定の
事項を記載した申請書を10月15日までに「所轄都道府県労働局長」に提
出しなければならない。

E　×　報奨金令2条／P114　社労士24P50▼

　　労働保険料に係る報奨金の額は、労働保険事務組合ごとに、1千万
円又は常時15人以下の労働者を使用する事業の事業主の委託を受けて納
付した前年度の労働保険料（督促を受けて納付した労働保険料を除く。）
の額（その額が確定保険料の額を超えるときは、当該確定保険料の額）
に100分の2を乗じて得た額に厚生労働省令で定める額を加えた額のい
ずれか低い額以内とする。

解答 213　×　報奨金則2条／P114　社労士24P50▼

本肢については、「9月15日」ではなく「10月15日」である。

労働保険事務組合　第5章　128

第1節　不服申立て

問題 214　災平2809　□□□□□□□

概算保険料に係る認定決定に不服のある事業主が行うことができる措置に関する次の記述のうち、正しいものはいくつあるか。

ア　事業主は、当該認定決定について、その処分庁である都道府県労働局歳入徴収官に対し、異議申立てを行うことができる。

イ　事業主は、当該認定決定について、その処分に係る都道府県労働局に置かれる労働者災害補償保険審査官に対し、審査請求を行うことができる。

ウ　事業主は、当該認定決定について、厚生労働大臣に対し、再審査請求を行うことができる。

エ　事業主は、当該認定決定について、直ちにその取消しの訴えを提起することができる。

オ　事業主は、当該認定決定について、取消しの訴えを提起する場合を除いて、代理人によらず自ら不服の申立てを行わなければならない。

   A　一つ
   B　二つ
   C　三つ
   D　四つ
   E　五つ

問題 215　雇令0210Ｂ　□□□□□□□

労働保険徴収法の規定による処分に不服がある者は、処分があったことを知った日の翌日から起算して3か月以内であり、かつ、処分があった日の翌日から起算して1年以内であれば、厚生労働大臣に審査請求をすることができる。ただし、当該期間を超えた場合はいかなる場合も審査請求できない。

129　第6章　不服申立て・時効その他

第1節 不服申立て

解答 214　A　一つ

ア　×　行審法2条、4条／P116　社労士24P51▼
本肢の場合、厚生労働大臣に、審査請求をすることができる。

イ　×　行審法2条、4条／P116　社労士24P51▼
本肢の場合、厚生労働大臣に、審査請求をすることができる。

ウ　×　行審法2条、4条／P116　社労士24P51▼
本肢の場合、厚生労働大臣に、審査請求をすることができる。

エ　○　行訴法8条／P117　社労士24P51▼
記述の通り正しい。

オ　×　行審法12条／P116　社労士24P－▼
事業主は、当該認定決定について、代理人により不服の申立てを行うことができる。

解答 215　×　行審法18条／P117　社労士24P－▼

正当な理由があるときは、当該期間を超えたときでも審査請求することができる。

不服申立て・時効その他　第6章　130

第2節　時効その他

問題 216　雇令0210 A　☐☐☐☐☐☐☐☐

労働保険料その他労働保険徴収法の規定による徴収金を納付しない者に対して政府が行う督促は時効の更新の効力を生ずるが、政府が行う徴収金の徴収の告知は時効の更新の効力を生じない。

問題 217　雇令0110 E　☐☐☐☐☐☐☐☐☆

事業主は、あらかじめ代理人を選任した場合であっても、労働保険徴収法施行規則によって事業主が行わなければならない事項については、その代理人に行わせることができない。

問題 218　災平2509 A　☐☐☐☐☐☐☐

事業主は、労働保険徴収法施行規則第73条第1項の代理人を選任し、又は解任したときは、代理人選任・解任届を所轄労働基準監督署長又は所轄公共職業安定所長に提出しなければならない。

問題 219　雇令0110 D　☐☐☐☐☐☐☐

行政庁は、厚生労働省令で定めるところにより、労働保険の保険関係が成立している事業主又は労働保険事務組合に対して、労働保険徴収法の施行に関して出頭を命ずることができるが、過去に労働保険事務組合であった団体に対しては命ずることができない。

131　第6章　不服申立て・時効その他

第2節　時効その他

解答 216　×　法41条／P118　社労士24P51▼

　政府が行う労働保険料その他労働保険徴収法の規定による「徴収金の徴収の告知」又は督促は、「時効の更新の効力を生ずる」。

解答 217　×　則73条／P119　社労士24P51▼

　事業主は、あらかじめ代理人を選任した場合には、労働保険徴収法施行規則によって事業主が行わなければならない事項を、その代理人に行わせることができる。

解答 218　○　則73条／P119　社労士24P－▼

　記述の通り正しい。

解答 219　×　法42条／P119　社労士24P51▼

　行政庁は、厚生労働省令で定めるところにより、保険関係が成立し、若しくは成立していた事業の事業主又は労働保険事務組合若しくは「労働保険事務組合であった団体に対して」、労働保険徴収法の施行に関し必要な報告、文書の提出又は「出頭を命ずることができる」。

不服申立て・時効その他　第6章　132

第3節 罰 則

問題 220 雇令0509 E 🆕 ☐☐☐☐☐☐☐

日雇労働被保険者を使用する事業主が、正当な理由がないと認められるにもかかわらず、雇用保険印紙を日雇労働被保険者手帳に貼付することを故意に怠り、1,000円以上の額の印紙保険料を納付しなかった場合、労働保険徴収法第46条の罰則が適用され、6月以下の懲役又は所轄都道府県労働局歳入徴収官が認定決定した印紙保険料及び追徴金の額を含む罰金に処せられる。

問題 221 雇平2708 C ☐☐☐☐☐☐☐

日雇労働被保険者を使用している事業主が、印紙保険料納付状況報告書によって、毎月におけるその雇用保険印紙の受払状況を翌月末日までに所轄都道府県労働局歳入徴収官に報告をしなかった場合には、当該事業主に罰則規定の適用がある。

問題 222 雇令0110 B ☐☐☐☐☐☐☐

行政庁の職員が、確定保険料の申告内容に疑いがある事業主に対して立入検査を行う際に、当該事業主が立入検査を拒み、これを妨害した場合、30万円以下の罰金刑に処せられるが懲役刑に処せられることはない。

問題 223 災平2909 C ☐☐☐☐☐☐☐

労災保険暫定任意適用事業の事業主は、その事業に使用される労働者の過半数が希望するときは、労災保険の任意加入の申請をしなければならず、この申請をしないときは、6箇月以下の懲役又は30万円以下の罰金に処せられる。

133 第6章 不服申立て・時効その他

第3節 罰 則

解答 220 ✕ 法46条／P120 社労士24 P52▼

　日雇労働被保険者を使用する事業主が、正当な理由がないと認められるにもかかわらず、雇用保険印紙を日雇労働被保険者手帳に貼付することによって印紙保険料を納付しなかった場合には、罰則（6か月以下の懲役又は「30万円以下の罰金」）の適用があるが、「これとは別に、政府は印紙保険料自体を徴収する必要があるので、納付すべき額を決定し、徴収するとともに、追徴金を徴収する」。

解答 221 ◯ 法46条／P120 社労士24 P52▼

　記述の通り正しい。

解答 222 ✕ 法46条／P120 社労士24 P52▼

　本肢の場合、事業主は、「6か月以下の懲役」又は30万円以下の罰金に処せられる。

解答 223 ✕ 法附則7条／P120 社労士24 P52▼

　本肢の規定に罰則はない。なお、雇用保険暫定任意適用事業の申請に関して、①労働者の希望に反して事業主が申請をしなかった場合、及び②事業主が当該労働者に対して不利益取扱いをした場合、事業主は、6か月以下の懲役又は30万円以下の罰金に処せられる。

不服申立て・時効その他 第6章 134

問題 224　雇平2310C　□□□□□□□

　事業主が、労働保険徴収法第42条の規定による命令に違反して報告をせず、若しくは虚偽の報告をし、又は文書を提出せず、若しくは虚偽の記載をした文書を提出した場合には罰則規定が適用されるが、労働保険事務組合については、同様の場合であっても罰則規定は適用されない。

問題 225　雇平2708A　□□□□□□□

　労働保険事務組合が、労働保険徴収法第36条及び同法施行規則第68条で定めるところにより、その処理する労働保険料等徴収及び納付簿を備えておかない場合には、その違反行為をした当該労働保険事務組合の代表者又は代理人、使用人その他の従業者に罰則規定の適用がある。

問題 226　雇平2708E　□□□□□□□ ☆

　法人でない労働保険事務組合であっても、当該労働保険事務組合の代表者又は代理人、使用人その他の従業者が、当該労働保険事務組合の業務に関して、労働保険徴収法第46条又は第47条に規定する違反行為をしたときには、その行為者を罰するほか、当該労働保険事務組合に対しても、罰則規定の適用がある。

135　第6章　不服申立て・時効その他

解答 224 × 法47条／P121 社労士24 P52▼

労働保険事務組合が行政庁への報告をせず、若しくは虚偽の報告をし、又は文書を提出せず、若しくは虚偽の記載をした文書を提出した場合、「罰則規定が適用される」。

解答 225 ○ 法47条／P121 社労士24 P52▼

記述の通り正しい。

解答 226 ○ 法48条／P121 社労士24 P52▼

記述の通り正しい。

不服申立て・時効その他 第6章 136

資格の大原
社会保険労務士講座

択一式トレーニング問題集　進捗表

	目標期日		達成期日	
1 回転目	月	日	月	日
2 回転目	月	日	月	日
3 回転目	月	日	月	日
4 回転目	月	日	月	日
5 回転目	月	日	月	日
回転目	月	日	月	日
回転目	月	日	月	日
回転目	月	日	月	日
回転目	月	日	月	日
回転目	月	日	月	日

▼択一式トレーニング問題集　進捗表▼

科目　＿＿＿＿＿＿＿＿＿＿＿＿＿
受講番号　＿＿＿＿＿＿＿＿＿＿＿
氏名　＿＿＿＿＿＿＿＿＿＿＿＿＿

7 回転目　※制限時間は、問題数×30秒以内

【手順4】
7回転が目安です。

【手順1】
解答欄に○×を記入し、答え合わせをしましょう。

【手順2】
正誤判断を間違った問題は、弱点論点です。弱点欄にチェックをした上で、正誤判断ができ、かつ、論点が把握できるようになるまで、繰り返し挑戦して下さい。
理解できたら、マスを塗りつぶすなどして、弱点克服の印とします。

【手順3】
弱点チェックをすべてつぶしたら、1回転終了です。

問題	解答	弱点	問題	解答	弱点	問題	解答	弱点	問題	解答	弱点	問題	解答	弱点	問題	解答	弱点
001	○		051	×		101	×		151	×		201			251		
002	×		052	○		102	○		152	×		202			252		
003	×	✓	053	×		103	×		153	○		203			253		
004	○		054	○		104	×		154	×		204			254		
005	×		055	×		105	×		155	×		205			255		
006	×		056	×		106	×		156			206			256		
007	○		057			107			157			207			257		
008	×		058			108			158			208			258		
009	×		059			109			159			209			259		
010	○		060			110			160			210			260		
011	×		061	×		111	×		161			211			261		
012			062	×		112	×		162			212			262		
013	○		063	×		113	○		163			213			263		
014	×		064	○		114	○		164			214			264		
015	×		065	○		115	×		165			215			265		
016	×		066	×		116	×		166			216			266		
017	○		067	○		117	○	✓	167			217			267		
018	×	✓	068	×	✓	118	×	✓	168			218			268		
019	×		069	×		119	×										
020	○		070	×		120	○										
021	×		071	×		121	×										
022	×		072	×		122	×										
023	○		073	○		123	×	✓									
024	○		074	×		124	○										
025	×		075	×		125	×										
026	×		076	×		126	×		176			226			276		
027	×		077	○		127	×		177			227			277		
028	×		078	○	✓	128	×	✓	178			228			278		
029	○		079	×		129	×		179			229			279		
030	×		080	×		130	×		180			230			280		
031	×		081	○		131	×		181			231			281		
032	×		082	×		132	×		182			232			282		
033	×		083	×		133	×		183			233			283		
034	×		084	○		134	×		184			234			284		
035	×		085	×		135	×		185			235			285		
036	○		086	×		136	×		186			236			286		
037	×		087	×		137	×		187			237			287		
038	×		088	○		138	■		188			238			288		
039	○		089	×		139	○		189			239			289		
040	×		090	○		140	×		190			240			290		
041	×		091	×		141	×		191									
042	×		092	×	✓	142	×		192									
043	○		093	×		143	×		193									
044	×	✓	094	×	✓	144	×		194			244			294		
045	×		095	○		145	○		195			245			295		
046	×		096	×		146	×		196			246			296		
047	○		097	×		147	×		197			247			297		
048	×		098	○		148	○		198			248			298		
049	×		099	×		149	×	✓	199			249			299		
050	×		100	○		150	×		200			250			300		

▼択一式トレーニング問題集　進捗表▼

科目　＿＿＿＿＿＿＿＿＿＿＿＿＿＿

受講番号　＿＿＿＿＿＿＿＿＿＿＿＿

氏名　＿＿＿＿＿＿＿＿＿＿＿＿＿＿

□ 回転目　※制限時間は、問題数×30秒以内

※全科目共通の進捗表です。
各科目の問題数に合わせてお使いください。

問題	解答	弱点	問題	解答	弱点	問題	解答	弱点	問題	解答	弱点	問題	解答	弱点	問題	解答	弱点
001			051			101			151			201			251		
002			052			102			152			202			252		
003			053			103			153			203			253		
004			054			104			154			204			254		
005			055			105			155			205			255		
006			056			106			156			206			256		
007			057			107			157			207			257		
008			058			108			158			208			258		
009			059			109			159			209			259		
010			060			110			160			210			260		
011			061			111			161			211			261		
012			062			112			162			212			262		
013			063			113			163			213			263		
014			064			114			164			214			264		
015			065			115			165			215			265		
016			066			116			166			216			266		
017			067			117			167			217			267		
018			068			118			168			218			268		
019			069			119			169			219			269		
020			070			120			170			220			270		
021			071			121			171			221			271		
022			072			122			172			222			272		
023			073			123			173			223			273		
024			074			124			174			224			274		
025			075			125			175			225			275		
026			076			126			176			226			276		
027			077			127			177			227			277		
028			078			128			178			228			278		
029			079			129			179			229			279		
030			080			130			180			230			280		
031			081			131			181			231			281		
032			082			132			182			232			282		
033			083			133			183			233			283		
034			084			134			184			234			284		
035			085			135			185			235			285		
036			086			136			186			236			286		
037			087			137			187			237			287		
038			088			138			188			238			288		
039			089			139			189			239			289		
040			090			140			190			240			290		
041			091			141			191			241			291		
042			092			142			192			242			292		
043			093			143			193			243			293		
044			094			144			194			244			294		
045			095			145			195			245			295		
046			096			146			196			246			296		
047			097			147			197			247			297		
048			098			148			198			248			298		
049			099			149			199			249			299		
050			100			150			200			250			300		

問題	解答	弱点	問題	解答	弱点	問題	解答	弱点	問題	解答	弱点	問題	解答	弱点	問題	解答	弱点
301			351			401			451			501			551		
302			352			402			452			502			552		
303			353			403			453			503			553		
304			354			404			454			504			554		
305			355			405			455			505			555		
306			356			406			456			506			556		
307			357			407			457			507			557		
308			358			408			458			508			558		
309			359			409			459			509			559		
310			360			410			460			510			560		
311			361			411			461			511			561		
312			362			412			462			512			562		
313			363			413			463			513			563		
314			364			414			464			514			564		
315			365			415			465			515			565		
316			366			416			466			516			566		
317			367			417			467			517			567		
318			368			418			468			518			568		
319			369			419			469			519			569		
320			370			420			470			520			570		
321			371			421			471			521			571		
322			372			422			472			522			572		
323			373			423			473			523			573		
324			374			424			474			524			574		
325			375			425			475			525			575		
326			376			426			476			526			576		
327			377			427			477			527			577		
328			378			428			478			528			578		
329			379			429			479			529			579		
330			380			430			480			530			580		
331			381			431			481			531			581		
332			382			432			482			532			582		
333			383			433			483			533			583		
334			384			434			484			534			584		
335			385			435			485			535			585		
336			386			436			486			536			586		
337			387			437			487			537			587		
338			388			438			488			538			588		
339			389			439			489			539			589		
340			390			440			490			540			590		
341			391			441			491			541			591		
342			392			442			492			542			592		
343			393			443			493			543			593		
344			394			444			494			544			594		
345			395			445			495			545			595		
346			396			446			496			546			596		
347			397			447			497			547			597		
348			398			448			498			548			598		
349			399			449			499			549			599		
350			400			450			500			550			600		

▼択一式トレーニング問題集　進捗表▼

科目　＿＿＿＿＿＿＿＿＿＿＿＿

受講番号　＿＿＿＿＿＿＿＿＿＿＿

氏名　＿＿＿＿＿＿＿＿＿＿＿＿

回転目　※制限時間は、問題数×30秒以内

※全科目共通の進捗表です。
各科目の問題数に合わせてお使いください。

問題	解答	弱点	問題	解答	弱点	問題	解答	弱点	問題	解答	弱点	問題	解答	弱点	問題	解答	弱点
001			051			101			151			201			251		
002			052			102			152			202			252		
003			053			103			153			203			253		
004			054			104			154			204			254		
005			055			105			155			205			255		
006			056			106			156			206			256		
007			057			107			157			207			257		
008			058			108			158			208			258		
009			059			109			159			209			259		
010			060			110			160			210			260		
011			061			111			161			211			261		
012			062			112			162			212			262		
013			063			113			163			213			263		
014			064			114			164			214			264		
015			065			115			165			215			265		
016			066			116			166			216			266		
017			067			117			167			217			267		
018			068			118			168			218			268		
019			069			119			169			219			269		
020			070			120			170			220			270		
021			071			121			171			221			271		
022			072			122			172			222			272		
023			073			123			173			223			273		
024			074			124			174			224			274		
025			075			125			175			225			275		
026			076			126			176			226			276		
027			077			127			177			227			277		
028			078			128			178			228			278		
029			079			129			179			229			279		
030			080			130			180			230			280		
031			081			131			181			231			281		
032			082			132			182			232			282		
033			083			133			183			233			283		
034			084			134			184			234			284		
035			085			135			185			235			285		
036			086			136			186			236			286		
037			087			137			187			237			287		
038			088			138			188			238			288		
039			089			139			189			239			289		
040			090			140			190			240			290		
041			091			141			191			241			291		
042			092			142			192			242			292		
043			093			143			193			243			293		
044			094			144			194			244			294		
045			095			145			195			245			295		
046			096			146			196			246			296		
047			097			147			197			247			297		
048			098			148			198			248			298		
049			099			149			199			249			299		
050			100			150			200			250			300		

問題	解答	弱点	問題	解答	弱点	問題	解答	弱点	問題	解答	弱点	問題	解答	弱点	問題	解答	弱点
301			351			401			451			501			551		
302			352			402			452			502			552		
303			353			403			453			503			553		
304			354			404			454			504			554		
305			355			405			455			505			555		
306			356			406			456			506			556		
307			357			407			457			507			557		
308			358			408			458			508			558		
309			359			409			459			509			559		
310			360			410			460			510			560		
311			361			411			461			511			561		
312			362			412			462			512			562		
313			363			413			463			513			563		
314			364			414			464			514			564		
315			365			415			465			515			565		
316			366			416			466			516			566		
317			367			417			467			517			567		
318			368			418			468			518			568		
319			369			419			469			519			569		
320			370			420			470			520			570		
321			371			421			471			521			571		
322			372			422			472			522			572		
323			373			423			473			523			573		
324			374			424			474			524			574		
325			375			425			475			525			575		
326			376			426			476			526			576		
327			377			427			477			527			577		
328			378			428			478			528			578		
329			379			429			479			529			579		
330			380			430			480			530			580		
331			381			431			481			531			581		
332			382			432			482			532			582		
333			383			433			483			533			583		
334			384			434			484			534			584		
335			385			435			485			535			585		
336			386			436			486			536			586		
337			387			437			487			537			587		
338			388			438			488			538			588		
339			389			439			489			539			589		
340			390			440			490			540			590		
341			391			441			491			541			591		
342			392			442			492			542			592		
343			393			443			493			543			593		
344			394			444			494			544			594		
345			395			445			495			545			595		
346			396			446			496			546			596		
347			397			447			497			547			597		
348			398			448			498			548			598		
349			399			449			499			549			599		
350			400			450			500			550			600		

▼択一式トレーニング問題集　進捗表▼

科目　_____

受講番号　_____

氏名　_____

☐ 回転目　※制限時間は、問題数×30秒以内

※全科目共通の進捗表です。
各科目の問題数に合わせてお使いください。

問題	解答	弱点	問題	解答	弱点	問題	解答	弱点	問題	解答	弱点	問題	解答	弱点	問題	解答	弱点
001			051			101			151			201			251		
002			052			102			152			202			252		
003			053			103			153			203			253		
004			054			104			154			204			254		
005			055			105			155			205			255		
006			056			106			156			206			256		
007			057			107			157			207			257		
008			058			108			158			208			258		
009			059			109			159			209			259		
010			060			110			160			210			260		
011			061			111			161			211			261		
012			062			112			162			212			262		
013			063			113			163			213			263		
014			064			114			164			214			264		
015			065			115			165			215			265		
016			066			116			166			216			266		
017			067			117			167			217			267		
018			068			118			168			218			268		
019			069			119			169			219			269		
020			070			120			170			220			270		
021			071			121			171			221			271		
022			072			122			172			222			272		
023			073			123			173			223			273		
024			074			124			174			224			274		
025			075			125			175			225			275		
026			076			126			176			226			276		
027			077			127			177			227			277		
028			078			128			178			228			278		
029			079			129			179			229			279		
030			080			130			180			230			280		
031			081			131			181			231			281		
032			082			132			182			232			282		
033			083			133			183			233			283		
034			084			134			184			234			284		
035			085			135			185			235			285		
036			086			136			186			236			286		
037			087			137			187			237			287		
038			088			138			188			238			288		
039			089			139			189			239			289		
040			090			140			190			240			290		
041			091			141			191			241			291		
042			092			142			192			242			292		
043			093			143			193			243			293		
044			094			144			194			244			294		
045			095			145			195			245			295		
046			096			146			196			246			296		
047			097			147			197			247			297		
048			098			148			198			248			298		
049			099			149			199			249			299		
050			100			150			200			250			300		

問題	解答	弱点	問題	解答	弱点	問題	解答	弱点	問題	解答	弱点	問題	解答	弱点	問題	解答	弱点
301			351			401			451			501			551		
302			352			402			452			502			552		
303			353			403			453			503			553		
304			354			404			454			504			554		
305			355			405			455			505			555		
306			356			406			456			506			556		
307			357			407			457			507			557		
308			358			408			458			508			558		
309			359			409			459			509			559		
310			360			410			460			510			560		
311			361			411			461			511			561		
312			362			412			462			512			562		
313			363			413			463			513			563		
314			364			414			464			514			564		
315			365			415			465			515			565		
316			366			416			466			516			566		
317			367			417			467			517			567		
318			368			418			468			518			568		
319			369			419			469			519			569		
320			370			420			470			520			570		
321			371			421			471			521			571		
322			372			422			472			522			572		
323			373			423			473			523			573		
324			374			424			474			524			574		
325			375			425			475			525			575		
326			376			426			476			526			576		
327			377			427			477			527			577		
328			378			428			478			528			578		
329			379			429			479			529			579		
330			380			430			480			530			580		
331			381			431			481			531			581		
332			382			432			482			532			582		
333			383			433			483			533			583		
334			384			434			484			534			584		
335			385			435			485			535			585		
336			386			436			486			536			586		
337			387			437			487			537			587		
338			388			438			488			538			588		
339			389			439			489			539			589		
340			390			440			490			540			590		
341			391			441			491			541			591		
342			392			442			492			542			592		
343			393			443			493			543			593		
344			394			444			494			544			594		
345			395			445			495			545			595		
346			396			446			496			546			596		
347			397			447			497			547			597		
348			398			448			498			548			598		
349			399			449			499			549			599		
350			400			450			500			550			600		

2024年受験対策

効率的に学習して「24時間で。社労士に。」

社労士24

時間の達人シリーズ Web通信
「24時間で インプット講義が完了。」

1テーマを約3分〜15分に分割！
スキマ時間を最大限活用可能。

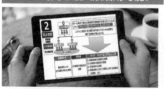

金沢博憲 講師

「お仕事や家庭のことで時間がない」。
そのような方に合格していただきたいという思いが開発のきっかけです。コンセプトは「時間の長さ」ではなく「時間当たりの情報密度」を重視する。それが「社労士24」です。
「3時間の内容を1時間で」ご理解いただけるような講義・教材を提供いたします。

開講日・受講料（消費税込）

Web通信

■ 時間の達人シリーズ 社労士24

受講方法	教材発送日	受講料	
Web通信	8/24（木）より順次発送 （8/28（月）より講義配信開始）	**79,800円** （大学生協等割引価格 75,810円）	入学金不要

■ 時間の達人シリーズ 社労士24＋直前対策

受講方法	教材発送日	受講料	
Web通信	8/24（木）より順次発送 （8/28（月）より講義配信開始）	**128,000円** （大学生協等割引価格 121,600円）	入学金不要

Webテストで実力確認！
科目ごとにWebテストを実施します。Webで実施するので、リアルタイムで得点を確認できます。弱点を確認して補強することで着実に実力がアップします。

全体像レクチャー
デジタルコンテンツだからこそ実現。
常に全体像が意識できる展開へ。

O-hara micro learning
1単元は3分から15分。
スキマ時間を最大活用可能。

全科目
インプット講義が
24時間で完了
デジタルコンテンツ活用により
無駄を極限まで除去。

専用レクチャーテキスト
レクチャー画面と同内容のレクチャーテキストをお手元に。

レクチャー画面

同じ内容

社労士24専用
レクチャー
テキスト

社労士24がよく分かる！
ガイダンス・体験講義も配信！

大原 社労士24 　検索

Twitter
『時間の達人 社労士試験
@Sharoushi24』

本試験前最後の最終チェックに必須!
2024年受験対策 全国統一公開模擬試験

2024年社会保険労務士試験直前の実力試しに最適な「全国統一公開模擬試験」は、大原の本試験予想問題も兼ねております。毎年、模擬試験からは本試験の的中問題も数多く出題されています。

社労士本試験直前の総仕上げと実力試しに大原の全国統一公開模擬試験!

5つの特長

1. 質の高い本試験レベルの**予想問題**
2. 本試験2回分に相当する**豊富な問題数**
3. 選択肢毎に解説の付いた**充実の解答解説冊子**付き
4. 大原人気講師による**解説講義をWeb配信**
5. 多くの受験生が利用!**全国ランキング表付き**

だから本試験前は大原の模擬試験!!

過去本試験の出題傾向を大原講師陣が徹底分析して作成した予想問題による模擬試験です。高い的中率と充実の解説が毎年好評をいただいています。

■社労士試験を知り尽くした大原だから信頼度は抜群!

全国統一公開模擬試験の受験で段階的に本番力をアップ!
本番に向けて段階的に実力をアップします!

全国統一公開模擬試験Ⅰは、本試験レベルの難度の問題を、本試験と同じ時間帯で解きます。
時間配分や解く科目順番、高難度問題への対応などのシミュレーションに最適です。
全国統一公開模擬試験Ⅱでは、全国統一公開模擬試験Ⅰで見つかった課題を踏まえて受験でき、本番力完成の仕上げができます。

高難度の論点を含む本試験レベルの問題

ご自宅で受験できます!

採点を行い、個人別成績表(ランキング・総評・正答率・偏差値など)もご郵送いたします。詳細な解説冊子も付きますのでご安心です。

大原人気講師による解説講義をWeb配信!

大原人気講師による模擬試験の解説講義(映像)を大原ホームページでご覧いただけます。重要論点を図解を用いて解説いたします。

■全国統一公開模擬試験 実施日程

入学金不要

全国統一公開模擬試験Ⅰ	全1回
7月6日(土)または7月7日(日)

全国統一公開模擬試験Ⅱ	全1回
7月27日(土)または7月28日(日)

全国統一公開模擬試験Ⅰ・Ⅱセット
全国統一公開模擬試験Ⅰ
全国統一公開模擬試験Ⅱ

受講料の詳細は2024年3月中旬完成予定の直前対策リーフレットをご覧ください。

■案内書のご請求はフリーダイヤルで
☎ 0120-597-008

■最新情報はホームページで
https://www.o-hara.jp/course/sharoshi

大原　社会保険労務士　検索

正誤・法改正に伴う修正について

本書掲載内容に関する正誤・法改正に伴う修正については「資格の大原書籍販売サイト　大原ブックストア」の「正誤・改正情報」よりご確認ください。

https://www.o-harabook.jp/
資格の大原書籍販売サイト　大原ブックストア

正誤表・改正表の掲載がない場合は、書籍名、発行年月日、お名前、ご連絡先を明記の上、下記の方法にてお問い合わせください。

お問い合わせ方法

【郵　送】〒101-0065　東京都千代田区西神田 2 - 2 -10
　　　　　大原出版株式会社　書籍問い合わせ係
【FAX】03-3237-0169
【E-mail】shopmaster@o-harabook.jp

※お電話によるお問い合わせはお受けできません。
　また、内容に関する解説指導・ご質問対応等は行っておりません。
　予めご了承ください。

合格のミカタシリーズ

2024年対策

解いて覚える！社労士 択一式トレーニング問題集⑤
労働保険徴収法

■発行年月日	2023年12月11日　初版発行
■著　　　者	資格の大原　社会保険労務士講座
■発　行　所	大原出版株式会社
	〒101-0065
	東京都千代田区西神田1-2-10
	TEL 03-3292-6654
■印刷・製本	セザックス株式会社

※落丁本・乱丁本はお取り替えいたします。定価はカバーに表示してあります。
ISBN978-4-86783-072-7　C2032

本書の全部または一部を無断で転載、複写（コピー）、改変、改ざん、配信、送信、ホームページ上に掲載することは、著作権法で定められた例外を除き禁止されており、権利侵害となります。上記のような使用をされる場合には、その都度事前に許諾を得てください。また、電子書籍においては、有償・無償にかかわらず本書を第三者に譲渡することはできません。

© O-HARA PUBLISHING CO., LTD 2023 Printed in Japan